ANZUG UND GENTLEMAN

Von der feinen englischen Art sich zu kleiden

Ein persönlicher Blick auf Geschichte, Gegenwart und
Zukunft des Anzugs und seines notwendigen „Zubehörs"

LIT

Die Deutsche Bibliothek – CIP-Einheitsaufnahme

Amies, Hardy
Anzug und Gentleman : oder: Die feine englische Art sich zu
kleiden / Hardy Amies . – Münster : LIT, 1997
ISBN 3-8258-3456-5
NE: GT

LIT VERLAG
Münster – Hamburg – London
Dieckstr. 73   48145 Münster
Tel. 0251–23 50 91
Fax 0251–23 19 72

INHALT

VORWORT

"Typisch englisch!" – wer hat diesen Satz nicht schon gehört oder selbst ausgesprochen? Der englische Humor, "Butler" oder "Tea time" kommen in den Sinn. Weitere Beispiele lassen sich leicht finden. Auch der Sport, zumindest bestimmte Sportarten, werden noch immer mit England als dem Mutterland des Sports in Verbindung gebracht. Doch für viele Menschen ist der Sport ein normaler Bestandteil ihres Lebens, sie finden nichts Englisches daran. Je erfolgreicher wir Engländer waren, unsere Lebensweise zu exportieren, umso weniger scheint man sich dessen zu erinnern. Und damit bin ich bei meinem Thema: dem Anzug. Es ist nicht jedermanns Sache, Sport zu treiben, aber wohl jeder Mann hat einen Anzug. Nur den wenigsten dürfte heute, am Ende des 20. Jahrhunderts, bewußt sein, daß sie sich zu einer großen englischen Tradition bekennen, wenn sie einen Anzug tragen. In den 30er Jahren pflegte man auch in Deutschland noch vom "englischen Anzug" zu sprechen. Ich selbst habe es oft gehört.

Bevor ich Ihnen, liebe Leser, die Geschichte meines Lebens schildere, möchte ich Ihnen die Frage beantworten, wie ein nicht ganz unbekannter englischer Schneider dazu kommt, ein Buch über den Anzug zu schreiben; ein Buch, das sich in England einer gewissen Beliebtheit erfreut.

Der englische Anzug, dies versuche ich in meinem Buch zu zeigen, steht für Tradition. Er ist eng mit der englischen Geschichte und dem englischen Königshaus verbunden. Wie der Zufall es wollte, gelangte ich nach dem Krieg in das Zentrum dieser Tradition. Ich wurde Schneider der Königin. Im Jahr 1955 gab mir die Königin das Recht, ihr Wappen auf mein Briefpapier zu drucken. Sie trägt auch

Vorwort

heute noch unsere Kleider, so in Thailand, und auch für ihre geplanten Besuche in Kanada und Indien sind wir für sie tätig. Mein Haus ist ein richtiges Haute-Couture-Haus. Verlassen kann ich mich auf meine langjährigen Mitarbeiter, sehr wichtig und machtvoll sind die Zuschneider und Zuschneiderinnen, sie "dirigieren". Die Anprobiererin für die Kleider der Königin ist nun schon 40 Jahre bei mir. Ich bin stolz, daß die Königin mit meinen Mitarbeitern zufrieden ist.

Neben meiner Tätigkeit für die Königin habe ich mich immer mit Herrenkleidung, mit Anzügen, beschäftigt. Wie eng der Anzug mit unserem Königshaus verbunden ist, werde ich Ihnen in meinem Buch zeigen.

Den englischen Gentleman habe ich immer genau beobachtet. Selbst stamme ich aus der Mittelschicht, aufgewachsen in einem Vorort Londons. In der Schule – einer mittelmäßigen, aber sehr anständigen 'Public School' – hatte ein Lehrer mir empfohlen, Journalist zu werden. Ein befreundeter Journalist wurde zu Rate gezogen, und als er hörte, daß ich in Cambridge studieren wolle, antwortete er: "Wir brauchen keine Akademiker. Geh lieber nach Frankreich und Deutschland." An meinen Vater gewandt fügte er hinzu: "Sieh zu, daß er dort arbeiten kann, dadurch wird er die Sprachen viel schneller lernen." Für diesen Rat bin ich unendlich dankbar. Nachdem ich ein Jahr in Frankreich verbracht hatte, kam ich 1928 nach Deutschland, nach Bendorf am Rhein in ein evangelisches Pfarrhaus. Das Haus stammte aus dem 18. Jahrhundert, eine Tafel verwies auf einen Besuch Goethes. Der Herr Pfarrer und seine Frau waren kultivierte Leute. Sie beherbergten regelmäßig englische Studenten, die Deutsch lernen wollten.

Kurz nach meiner Ankunft bot mir der Direktor einer Fabrik in seinem Büro eine Stellung an. Ich sollte Kundenkontakte in die englischsprachigen Länder pflegen. Auch wenn nicht viel dabei herauskam, so wurde ich seine rechte Hand und er ein väterlicher Freund. Besonders am Herz lag ihm korrektes Hochdeutsch. Wir waren viel geschäftlich unterwegs, nach Berlin, Hamburg und Frankreich. In Bendorf verbrachte ich drei glückliche Jahre. In Koblenz, unserer Nachbarstadt, gab es ein hübsches altes Opernhaus mit einem eigenen Ensemble. Hier hörte ich zum ersten Mal die "Zauberflöte". Manchmal machten wir uns auf nach Köln, um Wagners "Ring" zu erleben. In Berlin hörte ich "Don Giovanni" mit der damals berühmten Maria Müller.

Nicht unerwähnt lassen möchte ich meine Besuche auf Schloß Brühl, der ehemaligen Sommerresidenz des Erzbischofs von Köln, Clemens August. 1965, als die Königin Deutschland besuchte, gab der Herr Bundespräsident ein Bankett und einen Empfang auf Schloß Brühl. Man hatte bereits begonnen, das Schloß in der alten Pracht wiederherzustellen. Auch wenn es nur ein Zehntel der Größe von Versailles aufweist, so ist es doch keineswegs weniger beeindruckend, und ich erinnere mich an die Stuckdecke und vor allem an die wunderschönen blauen und weißen Kacheln im Speisesaal und in der Küche. Blau und weiß waren die offiziellen Farben der Wittelsbacher und des Erzbischofs. Diese Farben rief ich mir ins Gedächtnis, als ich der Königin Vorschläge für die Garderobe machte, und wir waren hocherfreut, als sie freundlicherweise unseren Vorschlägen folgte. Wir wählten einen dezent blauen, weichen Satin für das Kleid. Bei meinen Empfehlungen bezüglich des Schmucks versuchte ich, ebenfalls das Gebäude, besonders die reichhaltigen Stuckverzierungen, zu berücksichtigen. Meine Freude, daß man auch dies akzeptiert, wurde nur noch übertroffen von einer Einladung zum Empfang nach Brühl.

Als ich 1930 einundzwanzig wurde, rief mich mein Vater zurück nach England. Meine Deutschkenntnisse verschafften mir eine Stelle bei einer Firma in Birmingham, die über zahlreiche Verbindungen nach Deutschland verfügte. Meinen beruflichen Pflichten kam ich nach, doch die Arbeit befriedigte mich nicht. Drei Jahre später wurde mir eine Stellung in der Modebranche, in einem Londoner Haute-Couture-Haus, angeboten. Die Besitzer waren Freunde meiner Mutter, die lange in der Branche gearbeitet hatte. Meine Mutter fragte mich am ersten Abend, wie es gewesen sei. Ich antwortete: 'It was like going home.' Bald stellten sich Erfolge ein, meine ersten Kollektionen fanden den Beifall der Presse und die Anerkennung ausländischer Käufer. Man kaufte in England Modelle, um sie zu exportieren und zu kopieren. Damals verfügte kaum jemand über Designer im eigenen Land.

Als der Krieg begonnen hatte, sah ich eine Anzeige in der 'Times': 'Officer type with two languages required'. Dem 'Intelligence Corps' zugeteilt, wurde ich Chef der belgischen Sektion und arbeitete, heimlich natürlich, mit belgischen Resistance-Gruppen zusammen. Bereits ein Jahr vor Kriegsende räumten die Deutschen Brüssel. Mir wurde eine Wohnung in Brüssel zugeteilt. Als Chef der Mission wurde ich Leutnant. Bereits damals war das Leben in Brüssel wahnsinnig interessant, die Frauen folgten zumeist der Pariser Mode.

Ich hielt den Krieg für gewonnen und bat um die Entlassung. Ein eigenes Modehaus wollte ich eröffnen. Meinem Wunsch wurde stattgegeben, und bereits im Oktober 1945 konnte ich ein schönes Gebäude, erbaut im Jahre 1745, anmieten. Die Anschrift 14 'Savile Row' zeigt Ihnen, daß ich mich in der Straße niederließ, die weltweit als erste Adresse englischer Schneiderkunst gilt. Im Frühjahr 1946 beschäftigte ich bereits mehr als 100 Mitarbeiter. Alle waren froh, aus dem Krieg zurückgekehrt zu sein und sich wieder der Mode widmen zu können. Neulich haben wir unser 50jähriges Jubiläum gefeiert. Unsere Kollektionen waren von Anfang an sehr erfolgreich. Die Garderoben, durch den Krieg "entleert", und ausländische Käufer warteten begierig auf die ersten neuen Kollektionen.

Über meine wichtigste Tätigkeit im Bereich der Damenmode habe ich Ihnen bereits berichtet, nun zur Herrenkleidung. 1952 erhielt ich das Angebot, als 'Consultant Designer' für einen großen Herrenausstatter tätig zu werden. Zahlreiche Geschäfte, in den 20er Jahren entstanden, fußten auf einem neuen System. Der Mann – und besonders natürlich seine Frau – suchten einen Stoff für den neuen Anzug aus. Sodann beschäftigte man sich mit der Wahl eines passenden Designs. Man nahm Maß, und nun stand der Fertigung nichts mehr im Wege. Die Herstellung selbst erfolgte nicht mehr von Schneiderhand im Hause, sondern in einer Fabrik in Nordengland. Dieses an industrielle Vorbilder angelehnte Verfahren nannte man 'Multiple Tailoring'. Noch in den 50er Jahren kleideten sich ca. 60 % der englischen Männer auf diese Weise. Meine Aufgabe bestand darin, Entwürfe für die Musterbücher beizusteuern. Wichtiger vielleicht war, daß ich Modenschauen für die Kollektionen anregte – genau wie man es bei den Damen seit langem kannte. Jahr für Jahr organisierten wir also eine große Modenschau im 'Savoy Hotel' in London. Wir luden nicht nur Modejournalisten, sondern die bekannten, die großen "Tiere" der Zeitungswelt ein. Die gute Presseresonanz erweckte das Interesse ausländischer Firmen. Es folgten Verträge mit Amerika, Australien und später Japan. Doch unser Erfolg mit 'Multiple Tailoring' führte zu Spannungen, man befürchtete, daß mein Name zu bekannt würde. So trennten wir uns nach 20 Jahren. Es gelang mir jedoch, feste Verträge unmittelbar mit ausländischen Firmen abzuschließen. Diese existieren heute noch, und ich bin glücklich, sagen zu können, sie "blühen". Noch immer gebe ich das, was ich in den ersten Jahren aus meiner Arbeit für die englische "Upper Class" gelernt habe, an Männer überall auf der Welt weiter.

Sie sehen, meine Überlegungen, die ich mir erlaube, in diesem Buch vorzutragen, beruhen auf einer gewissen Erfahrung. Wenn Sie wissen wollen, wie sich ein Gentleman anzieht – und warum er es in bestimmter Weise tut –, folgen Sie meinem Spaziergang durch die Geschichte. Damit, liebe Leserin, lieber Leser in Deutschland, endet mein Vorwort. Ich war sehr froh, als ich hörte, daß mein bescheidenes Büchlein in Deutschland herausgegeben wird. Besondere Freude bereitete mir die Einladung, dies Vorwort zu schreiben. Ich sagte, es zu "schreiben": genauer müßte es heißen, zu diktieren. Meine Schrift ist mit meinen 88 Jahren nicht mehr die beste. Abschließend möchte ich Dr. Hopf für seine Freundlichkeit und Hilfe danken, mein "Kind" für den deutschen Leser zum Leben erweckt zu haben.

EINLEITUNG

"Kleidung verleiht Würde und zeigt
Geschmack – das ist die einfache
Wahrheit."
ERIC GILL

Dieses Buch will unterhalten. Eine einfühlsame Gastgeberin, so hoffe ich, wird es einem aufgeschlossenen Gast ans Bett legen. Jungen Leuten, von Kleidungsfragen verunsichert, mag es hilfreich sein. Keineswegs möchte ich sie entmutigen, gegen Traditionen, die ihnen lächerlich oder starr erscheinen, zu opponieren. Meine Überlegungen können allen helfen, die an sozialen Aufstieg denken: Den Regeln, die ich festhalte, folgen Männer der besseren Kreise ganz selbstverständlich. Auch hoffe ich, daß sich viele, wie ich, faszinieren lassen von der spannenden Entwicklung des "Anzugs" in den letzten 200 Jahren. Wer weiß schon, wie man dazu kam, klar zwischen einem fallenden und einem steigenden Revers zu unterscheiden? Ist Ihnen bewußt, daß Sie, ja Sie in Ihrem flotten Nadelstreif mit zwei Knöpfen nichts anderes tragen als einen verkürzten Reitanzug?

Um eine Geschichte der Herrenkleidung geht es mir nicht. In vielen Büchern wird diese Thematik hinreichend behandelt – ich verweise dankend darauf in der Bibliographie. Es geht um mehr. Auch wenn der Anzug nicht mehr so häufig getragen wird wie vor 50 Jahren, so ist er doch sehr präsent. Der Anzug wird, darüber kann kein Zweifel bestehen, von Männern aller Schichten bevorzugt, um ihre soziale Position und ihre guten Manieren zu betonen.

Der englische Begriff für Anzug "suit" ist aufschlußreich. Das gute alte 'Oxford English Dictionary' hilft uns weiter. Wir stoßen auf mittelalterliches Englisch und Alt-französisch: Der Begriff entstammt dem Französischen 'suivre', folgen. Beim Kartenspiel muß man einer Farbe "folgen", also bedienen; 'follow suit in cards' nennt man es im Englischen. Wenn man im vornehmen 'Hampstead' wohnt, verfügt man über ein Badezimmer 'en suite', das Badezimmer "folgt" auf das Schlafzimmer; Sie haben die Gesetze zu befolgen, wenn Sie sich scheiden lassen; und gelegentlich kleiden Sie sich angemessen, indem Sie den Konventionen folgen. Hier geht es um eine "Folge" von Kleidungsstücken (suit of clothes), ein Ensemble von Kleidungsstücken in gleicher Farbe und gleichem Muster. Seit langem handelt es sich um deren drei: Jacke, Weste und Hose. Damit wäre unser Thema beschrieben: 'The Englishmen's suit'[1] – "Anzug und Gentleman".

---

[1] So der Titel der englischen Ausgabe.

I

DER REITROCK BETRITT DEN SALON

"Werde ich noch Anzüge tragen?"
GEORG HERBERT

In seinem Handbuch zur englischen Kostümgeschichte des 17. Jahrhunderts bemerkt Dr. Cunnington einleitend: "Die Entstehung der modernen Herrenkleidung datiert man üblicherweise auf die Regentschaft Charles II. Der Anzug entstand als Einheit von Jacke, Weste und Hose. Dies war verbunden mit Fortschritten im Schneiderhandwerk." Ich hoffe, die Leser haben nichts einzuwenden, wenn ich sie daran erinnere, daß Charles II. in der Restauration 1660 – also nach dem Bürgerkrieg – den Thron bestieg. Der gute Doktor braucht sich deshalb nicht damit herumzuschlagen, was es mit Wams und Kniehose zu Zeiten Elisabeths I. und Jakobs I. auf sich hatte. Ich für meine Person habe alles darüber gelesen, aber ich stehe vor dem Rätsel, wie die Kerle damals ihre Hosen getragen haben und was sie taten, um ihren natürlichen Bedürfnissen nachzukommen.

Charles I. wurde 1649 aufs Schafott geführt. Er trug Wams und Kniehose. So kleidete er sich sein Leben lang. Mode war zur Zeit des Bürgerkriegs kein vorrangiges Thema. Nur dem König treu ergebene Adelige trugen Wams und Kniehose von vornehmer Art, um die Loyalität zur Krone zu zeigen. Abbildung 1 zeigt uns Charles I. im eng anliegenden, knapp taillierten Wams. Charles II. sehen wir auf Abbildung 2 in Mantel, Weste und Kniehose, wir sehen den englischen Anzug in seiner Entstehung.

Nun, wir müssen uns mit Geschichte befassen – mit europäischer Geschichte. 1660 war der französische König Ludwig XIV. zweiundzwanzig Jahre alt. Als ein Jahr später der einflußreiche Ratgeber Mazarin starb, bot sich dem König die Gelegenheit, allein zu regieren. Bis 1715 brachte der Sonnenkönig das Gottesgnadentum zur Perfektion. Ludwig XIV. hielt Ratgeber und Höflinge fast fünfzig Jahre im goldenen Käfig von Versailles gefangen. Die Macht seines Hofes zeigte sich darin, daß er in Stil- und Geschmacksfragen europaweit den Ton angab. Man findet kaum Abbildungen zur Männer- und Damenmode, die nicht französisch wirken. Selbstverständlich war diese Kleidung für den Hof, das städtische Leben bestimmt, nicht für ein Leben auf dem Lande.

In England, in das Charles II. zurückkehrte, gab es seit 1649 keinen Hof mehr. Charles selbst besaß zu wenig Mittel, um den Hof wieder zu beleben, so sehr er auch die französischen Moden und Manieren schätzte, die er während seines Exils auf dem Kontinent kennengelernt hatte. Der bescheidene "Hof" war kein Ort von Traurigkeit: Liebesaffären standen hoch im Kurs, und man folgte Versailler Moden. Aber der Hof dominierte nicht, die Häuser der Aristokratie befanden sich auf ihren Ländereien. Ihre Besitzer trugen Reitkleidung.

Als Leser, besonders als Ausländer, müssen Sie versuchen, die wahre Bedeutung hinter den Ereignissen und den dramatischen Kämpfen zwischen Krone und Parlament zu verstehen. Das Parlament ließ den König enthaupten, um zu zeigen, wer der Souverän war. Sodann rief man den Thronfolger nach England zurück, weil es geschickter erschien, mit ihm zu kooperieren. So geschah es. Aber die Hinrichtung Charles' II. wollte sein Bruder James nicht akzeptieren. Er versuchte, ohne das Parlament zu regieren. Daraufhin wurde er entmachtet.

Es empfiehlt sich, hier etwas über die Thronfolge in

England einzuschieben. Wir müssen uns mit dem Erstgeburtsrecht beschäftigen. Das Erstgeburtsrecht bedeutet, daß dem ältesten Kind der Königsfamilie die Herrschaft übertragen wird, wenn Papa beliebt zu sterben. Wenn es in den königlichen Machtspielen um die Wurst geht, so muß man das beharrliche Festhalten am Erstgeburtsrecht immer in Rechnung stellen. Auch Sie sind davon betroffen, wenn Sie einen Anzug tragen. Sie achten damit das Erstgeburtsrecht. Sie bekunden Tradition und respektieren die althergebrachte Ordnung.

James II. hatte zwei Töchter, Mary war die ältere. Sie hat einen Niederländer, 'William', geheiratet, den Sohn einer anderen Mary, einer Tochter Charles I. Man folgte dem Erstgeburtsrecht. William und Mary waren gesetzestreue Protestanten, sie paßten in die entstandene politische Ordnung. Wir Engländer halten das Erstgeburtsrecht in hohen Ehren, und wir genießen es, Krönungsfeierlichkeiten zu erleben. Doch wir Engländer zögern nicht, im Falle eines Fehlgriffs die Herrschaften vor die Tür zu setzen. So haben wir es mit Charles I. gemacht, obwohl wir uns nicht ganz einig waren, mit James II. und in der jüngsten Vergangenheit mit dem Mann von Mrs. Simpson, Edward VIII. (1936).

In den Jahren der Restauration entstand eine einflußreiche Schicht von Staatsbeamten. Der Bekannteste ist der gute alte Samuel Pepys. In seinen Tagebüchern beschäftigt er sich häufig mit Kleidung, so schreibt er: "15. Oktober 1666. Heute trägt der König zum ersten Mal seine Weste, und auch im Ober- und Unterhaus sah ich einige Herren – einflußreiche Höflinge – ebenso gekleidet. Sie besteht aus einem langen, eng am Körper anliegenden Talar aus schwarzem Stoff, der ausgezackt ist mit weißer Seide darunter, darüber einen Rock etc. ... und im ganzen gesehen wünschte ich, der König möge sie auch weiterhin tragen, da sie ein sehr vornehmes und gutaussehendes Gewand ist."

Dies ist der erste Text, dem ich entnehme, daß Wolle–
denn bei dem hier beschriebenen schwarzen Stoff muß
es sich um Wolle handeln – am Hofe getragen wird. Die
bürgerliche Kleidung ebnet sich den Weg: Der Anzug ist
geboren. Bei der frühen Form des Rocks, dies möchte ich
anmerken, befanden sich die Knöpfe auf der rechten Seite. So konnte die rechte Hand, selbst bei geschlossenem
Mantel, schnell das Schwert ergreifen, da es immer links
getragen wurde. Mantel oder Jacke so zu knöpfen, gilt noch
heute als "männlich". Damenmäntel öffnen sich dagegen
nach rechts.

William und Mary regierten gemeinsam bis 1702 (Mary hatte es abgelehnt, als Königin mit einem Prinzgemahl
aufzutreten). Ihr ausgeprägter Geschmackssinn spiegelte
sich in ihren Palästen, die ein angenehmes häusliches Leben ermöglichten. 'Kensington' und 'Hampton Court' wurden zu Vorbildern für reiche Gutsherren und Händler. Man
baute die Herrenhäuser im gleichen Stil und richtete sie
entsprechend ein. Der "Stadt" zog das Königspaar offensichtlich das "Land" vor. Mehr und mehr ersetzten Wolle
und Wildleder Seidensatin – es wurde unverwechselbar
englisch. Queen Mary starb 1694, und William regierte
allein bis 1702, als sein Pferd über einen Maulwurfshügel
stolperte und ihn aus der Bahn des Lebens warf. Man könnte dies für einen Wink des Schicksals halten, denn Reiten
und Sport allgemein waren die Geburtshelfer des Anzugs.
Auf dem Thron folgte nunmehr Marys Schwester Anne.

William und Mary liebten Gärten. "In Hampton Court
legten sie Flußterassen und strahlenförmige Alleen (patte
d'oie) an." Von Queen Anne wird überliefert, daß sie die
von ihren Vorgängern in Kensington angelegten Buchs-
baumhecken wieder entfernen ließ: Ihr mißfiel der Geruch.
Die große Tradition englischer Landschaftsgärten zeichnet sich ab. (Den Hyde Park hatte bereits Charles II. neu
anlegen lassen.)

Ein Zeitalter wird wesentlich durch seine Architektur geprägt. Von 1666 bis zu seinem Tode 1715 bestimmte Ludwig XIV. auch hier den Stil. Doch die Machtverhältnisse begannen sich zu ändern, die Engländer und ihre Verbündeten setzten Ludwig XIV. unter Herzog von Marlborough in verschiedenen Schlachten heftig zu. Als Belohnung erhielt Herr Marlborough Schloß Blenheim, ein Meisterstück barocker Architektur. Doch bei allem Glanz weist es keine stilistische Einheit auf. So bleibt aus dieser Zeit eher die Inneneinrichtung; eine Vielzahl eleganter und komfortabler Möbel in zahlreichen Herrenhäusern machen Queen Anne unsterblich. Sie regierte von 1702 bis 1714 und ist eher dem 17. als dem 18. Jahrhundert zuzuordnen. Es herrschte noch der Geist der Stuarts – Anne war die letzte Monarchin dieser Dynastie.

Mit der Thronbesteigung Georgs I., 1714, aus dem Haus Hannover beginnt 'ohne Zweifel' [dt. im Original] das 18. Jahrhundert. Das Haus Hannover, dies versteht sich von selbst, war eng mit dem sich nun entwickelnden 'Georgian Style' verbunden. In der Architektur zeichnete sich diese Entwicklung viel früher ab – als Inigo Jones 'Queen's House' für Königin Anne 1618 erbaute. Da sie aber bereits 1619 starb, wurde das Gebäude erst 1635 für die neue Königin, die Französin 'Henrietta Maria', vollendet. Die von Säulen bestimmte Fassade – ihre Symmetrie, die prächtige Gestaltung der Fenster – war natürlich "italienisch", wenn auch schon angepaßt und vereinfacht, so daß sie mit den Parklandschaften harmonierte und später die Grundlage für den Stil im Amerika der Kolonialzeit, in den Neuenglandstaaten 'Virginia' und 'Maryland', abgab.

1718 wurde mit der Entlassung des großen Architekten Christopher Wren durch seine Majestät nicht nur ein alter Mann, sondern ein überholter Stil "entlassen": der Barock. Damit wurde gleichzeitig einem neuen Stil der Weg bereitet: dem Palladianismus. Im Barock hatte man sich mit Palästen und Kathedralen beschäftigt, nun stand das Herrenhaus der großen Landsitze im Mittelpunkt des Interesses.

Blicken wir noch einmal nach Frankreich. Der Sonnenkönig Ludwig XIV. war 1715, nachdem er gut ein halbes Jahrhundert allein regiert hatte, verstorben. Auch wenn der Glanz von Versailles zu verblassen begann, so bestimmte Frankreich unter den Nachfolgern noch immer die Richtung. Es entstand das Rokoko. Das Rokoko war eine höfische Mode, sie entfaltete sich in den Palästen. In Schloß Nymphenburg in München spiegelt sich dieser Stil in aller Vollkommenheit. Nach Großbritannien konnte sich das Rokoko nicht verbreiten. Einzig die fabelhaften Verzierungen in englischen und irischen Landhäusern verraten den Einfluß. Natürlich müssen wir auch die Kleidung erwähnen. Stickereien auf den Westen der Gentlemen verdanken sich der Verspieltheit des Rokokos.

Soweit einige Anmerkungen zum kulturellen Umfeld. Kehren wir nun zur Kleidung zurück. Im 18. Jahrhundert trugen die Männer einen Rock, eine Weste und enganliegende Kniehosen (Breeches). Mit dieser Art, sich zu kleiden, folgt man, in schlichterer Form, Mustern des ausgehenden 17. Jahrhunderts. Die Schneider benutzten hauptsächlich Wollstoffe. Die zahlreichen Portraits, auf denen Damen und Herren des 18. Jahrhunderts in Seide und besticktem Samt zu sehen sind, sollten uns nicht täuschen. Ähnliches gilt für die Museumsbestände: Wirkliche Alltagskleidung wird aufgetragen. Seide trägt man bei Hof.

Auf dem hinteren Buchumschlag zeige ich das Portrait eines Landadligen, gemalt von Joseph Wright aus Derby. Er war kein Hofmaler, und er porträtierte lediglich ein ganz normales Parlamentsmitglied. Bitte beachten Sie seinen Rock, seine Weste und seine Hose. Sie sind aus ein und demselben Stoff in ein und derselben Farbe gefertigt. Der moderne Anzug nimmt immer mehr Gestalt an. Man trägt einen schlichten Hemdkragen und eine schwarze Halsbinde aus Satin; keine Spitzen. Man schreibt das Jahr 1766. (Also zehn Jahre vor der amerikanischen Unabhängigkeitserklärung, die für die Geschichte der Mode nicht unerwähnt bleiben darf. Denn wo wären Ralph Lauren, Bill Blass oder Galanos ohne diesen reichen, modehungrigen Kontinent? Kleidung, wie die abgebildete, wird auch von den amerikanischen Bürgern der Zeit getragen worden sein.) Achten Sie auf das Revers, eine Bezeichnung, die man noch nicht kannte: Der Rock muß hoch über der Brust geschlossen worden sein; zumeist wurde er offen getragen, wie auf dem Bild. Nur beim Reiten oder bei schlechtem Wetter schloß man den Rock. In ersten Ansätzen ist das aufsteigende Revers von heute zu sehen.

Wir nähern uns nun einem wichtigen Meilenstein: der Französischen Revolution, der Hinrichtung des französischen Königspaars 1789 und dem Ende des 18. Jahrhunderts. Königin Marie Antoinette kann als Symbolfigur angesehen werden, und als solche ist sie hier von Interesse. Sie liebte einfache bäuerliche Kleidung, die sich damals in der ganzen zivilisierten Welt verbreitete. Es war die romantische Suche nach der heilen Welt, nach Winkeln, in denen man sich der höfischen Etikette Versailles entziehen konnte. All dies ist bekannt genug, aus der Malerei etwa. Um es auf den Punkt zu bringen: In Versailles gab es nicht nur 'le jardin anglais', sondern besonders für Männer, 'le costume anglais'.

In ihrem ausgezeichneten Buch über die Schnittmuster der Herrenkleidung 1600-1900 beschreibt Norah Waugh gekonnt den Zusammenhang:
"Im Gegensatz zur französischen Aristokratie, die sich in sklavischer Unterwürfigkeit ständig am Hof aufhielt, verbrachte der englische Adel einen Großteil des Jahres auf seinen Landgütern oder besuchte die Ländereien Bekannter. Der Sport hatte schon immer im Mittelpunkt

des allgemeinen Interesses gestanden, doch am Ende des 18. Jahrhunderts nahm er den Adel vollkommen in Anspruch. Abgesehen von den etablierten Sportarten – Reiten, Pferderennen und Jagd – fand auch das Wagenrennen regen Zulauf. Der Adel verbrachte so viel Zeit in Wollstoff, Wildleder und Stiefeln, daß seine Kleidung sich in den 80er Jahren zur Mode auswuchs, die man nur zu außergewöhnlichen Anlässen ablegte – für eine Einladung bei Hofe zum Beispiel oder für ein großes Gelage. Auch in Frankreich ... trug eine Welle der Anglomanie den Reitrock nach Paris."

Die Französische Revolution brachte eine Phase des Umbruchs, dies sollte sich bald in der Mode zeigen. Junge Männer stellten sich an die Spitze des Dandytums. Dieser Stil war ganz ohne Zweifel englisch, er beruhte auf dem Jagdanzug. Man zeigte sich in Reitkleidung von extravagantem Zuschnitt und trug sie mit Pariser Eleganz (Abbildung 3). Auch in Deutschland blieb man von diesen Entwicklungen nicht unberührt. Wer könnte uns ein besseres Beispiel geben als Goethe mit seinem Buch "Die Leiden des jungen Werther" (1774). Der Roman wurde zum Bestseller und begründete eine Mode, die sich unter anderem auch auf die Werther-Kleidung bezog. "Typisch war der dunkelblaue Gehrock, die gelbe Weste, Hose und Stiefel. – Man folgte also eher englischen als französischen Vorbildern." (Auch Goethe und seine Freunde kleideten sich 'à l'anglaise'.)

Nun könnten wir eigentlich das 18. Jahrhundert hinter uns lassen, aber wir müssen uns noch etwas mit der Herrschaft des Hauses Hannover beschäftigen. Einen wichtigen Punkt haben wir vernachlässigt. Keiner der ersten Georgs beeinflußte die Herrenkleidung, aber der vierte – und dies nachhaltig! Er wurde 1762 geboren, zwei Jahre nachdem sein Vater den Thron bestieg. Der König war ein liebenswerter Mann, aber bald machten sich Anzeichen für eine Geisteskrankheit bemerkbar. So bestieg Georg IV. 1811 vorzeitig den Thron.

Nun befinden wir uns bereits im 19. Jahrhundert. Am Hof Georgs III. war es ruhig zugegangen. Der König selbst war charmant, sein Privatleben öde. Ganz anders sein Sohn: Der Heranwachsende machte als führendes Mitglied eleganter Dandys von sich reden. Amüsieren wir uns mit einer Anekdote: "Seine Biographen berichten, der 'Prince of Wales' habe, als er den Hausstand in seinem herrlichen neuen Palast gründete, einige edle Pläne gefaßt: So wollte er die Literatur, die Wissenschaft und die schönen Künste fördern, literarische Treffen veranstalten und Gesellschaften zur Förderung der Geographie, Astronomie und Botanik gründen. Astronomie, Geographie und Botanik! Unsinn! Französische Ballettänzerinnen, französische Köche, Jockeys, Clowns, Kuppler, Schneider, Boxer, Fechtmeister, Händler von Porzellan, Juwelen und billigem Zeug – eine prächtige Gesellschaft."

Zu seinen Kumpanen zählte Beau Brummell. Obwohl 1778 geboren und 1790 Schüler in Eton, ist er dem 19. Jahrhundert zuzurechnen.

Bevor wir dieses Jahrhundert betreten, verweilen wir bei zwei Gemälden von Thomas Lawrence, einem Meister der Beobachtung. Eines zeigt John Allnutt und datiert von 1799 (siehe Abbildung 6). Er trägt unzweifelhaft Reitkleidung. Sein Rock ist einreihig, aber die Plazierung der Knöpfe entspricht einem Zweireiher. Nun, ich nehme nicht an, daß Mr. Allnutt der Wunsch danach stand, vielmehr dürfte diese Anordnung einem Einfall seines Schneiders entsprungen sein, dem es möglicherweise schwerfiel, von der althergebrachten Plazierung der Knöpfe zu lassen. Diese Anordnung findet man heute beim Frack, der nichts anderes darstellt als einen offenen zweireihigen Reitrock mit einem engen Vorderteil, das nicht zugeknöpft werden kann. Doch davon später. Darf ich Sie nun bitten, einen Blick auf das Portrait von Sir Edmund Antrobus zu werfen (Abbildung 7), das zwei Jahre später, 1800, entstand. Auf der Abbildung fehlt ein Pferd. Man glaubt, einen ehrbaren Bankier vor sich zu haben, und in der Tat: Er war Teilhaber von 'Coutts & Co.' Der Brief, den er in der Hand hält, ist nicht zu übersehen – vielleicht ein Bankauszug oder ein Schuldschein. Das Bild zeigt uns den Herrn in seiner Bank oder zu Hause. Er trägt einen Geschäftsanzug, nichts anderes als Mr. Allnutt auf dem oberen Bild, mit einer kleinen Ausnahme. Bei einem richtigen Reitanzug hat die zweite Knopfreihe noch eine Funktion. Die klare Unterscheidung zwischen Einreihern und Zweireihern und den entsprechenden Reversformen, fallendem und steigendem Revers, hat sich noch nicht herausgebildet. Beide Röcke verfügen über den für die Zeit typischen hochstehenden Kragen – übernommen von Militäruniformen. Nun, ich gebe zu, dies ist alles noch etwas verwirrend. Eines aber können wir festhalten, die Sportkleidung hat die Wohn- und Arbeitsräume betreten, der Reitrock erobert den Salon.

II
HOF UND REFORM

"Gib einem Mann einen Rock, und er wird
mehr wie ein Mann aussehen als zuvor
und deshalb einem Gentleman ähnlicher."

ERIC GILL

Um die Jahrhundertwende folgten die Anzüge dem Schnittmuster des Reitrocks. Wir werden noch sehen, daß dies im
19. Jahrhundert für die Herrenkleidung so bleiben sollte.
Einzig der 'Deeside Coat' tauchte als Rivale auf – ein
kurzer Rock, dem Reitrock nicht unähnlich, noch mehr ge-
stutzt. Er war hinten nun so kurz wie vorne. Diese Form
entstand zwischen 1850 und 1860 und sollte immensen
Einfluß bekommen.

Die Geschichte der Herrenmode wird Anfang des Jahrhunderts von zwei bedeutenden Figuren bestimmt, es handelt sich um den Prinzregenten selbst und seinen zeitweili-
gen Freund Beau Brummell (siehe Abbildung 8). Wir haben
uns schon vor Augen geführt, wie der Prinz zwischen 1789
und 1810 als Leitfigur der Londoner Gesellschaft fungierte,
da der König sich ob seiner Unpäßlichkeiten nach Windsor
zurückgezogen hatte. Der Prinz wurde 1820 König, bis er
seinem Bruder George 1830 Platz machte. Als Prinz und
König war er der erste der königlichen Familie, der im
19. Jahrhundert Mode und Stil zu seiner Passion machte.
Er entwickelte sich zu einer Autorität für den nun aufkom-
menden Trend. Man muß sich diese neue Mode plastisch
vor Augen führen. Der neue Rock ohne Vorderteil, um für
Sattel und Pferderücken Platz zu schaffen, erwies sich für

den Prinzen als nicht eben vorteilhaft – trat damit doch der gewaltige königliche Bauch für jeden sichtbar zutage.

Nun, so war nun einmal die Mode, und Norah Waugh bringt es treffend auf den Punkt: "Während sich im 18. Jahrhundert alles um den Schnitt drehte, widmete man im 19. Jahrhundert seine Aufmerksamkeit der Paßform, dem genauen Sitz .... Dies läßt sich auf verschiedene Ursachen zurückführen. Man schenkte dem Stoff jetzt mehr Aufmerksamkeit und es entwickelte sich eine das gesamte Handwerk umfassende Systematik. Der Rock wurde nun aus einem Material hergestellt, das weitaus formbarer war als fein gewebte Seide. Mit Hilfe eines Bügeleisens konnte der Schneider straffen und dehnen, um einen passenden Sitz zu erreichen, auch wenn man den Rock zugeknöpft trug.

Gegen Ende des 18. Jahrhunderts waren englische Schneider führend in der Herstellung von Herrenkleidung, da sie über große Erfahrung in einer dem Material angemessenen Verarbeitung verfügten. Ihr handwerkliches Geschick verlieh der praktischen ländlichen Kleidung Stil und Eleganz und machte sie akzeptabel."

In seinem Buch 'Dandies' beschreibt James Laver (der führende englische Historiker in Modefragen) Herrn Brummell: "Brummell war weder von hoher Geburt noch wohlhabend, wenngleich er keineswegs am Hungertuch nagen mußte." Es war ihm gelungen, "die Dinge so einzurichten, daß er ein angenehmes Leben führen konnte"; "als er 1790 in die berühmte Schule von Eton kam, erwarb er sich den Ruf eines Angebers".

Man erzählt sich zahlreiche Geschichten über Brummells Freundschaft mit dem Prinzregenten, über seine Unverfrorenheit wie über seinen Sturz. Und natürlich über sein langes, trauriges Exil in Frankreich, wo er auch den Tod fand. Uns interessiert dies nur insoweit, als es die Entwicklung der Kleidung betrifft. Brummell beschreibt seinen Stil wie folgt: "Kein Parfüm, aber feinste Wäsche, 'country-washed' [Auf dem Lande gewaschen und getrocknet, wo die Luft weniger verschmutzt war.]. "Wenn 'John Bull' [der Begriff steht für die Personifikation eines typischen Engländers] Ihnen auf der Straße hinterhersieht, sind Sie meistens nicht angemessen angezogen: Sie sind entweder zu förmlich, nicht locker genug oder zu modisch gekleidet." Laver bemerkt ferner: "Seine Kleidung (die wie angegossen paßte und herausgeputzt erschien, ohne zu eitel zu wirken) war doch die eines englischen Landadligen, eines passionierten Sportmannes." So weit, so gut, aber hinzuzufügen bleibt ein wichtiger Punkt: "Vielleicht verstehen wir am besten die Bedeutung von Brummell, wenn wir uns vor Augen führen, daß die 'Revolution', die er symbolisierte, im Kern eine Konspiration gegen die Aristokratie darstellte. Brummell hatte instinktiv erkannt, daß die Tage der Aristokratie vorüber waren und eine andere Zeit feiner Lebensart angebrochen war". Damit haben wir das 19. Jahrhundert auf den Punkt gebracht. "Und genau hier liegt das Verdienst Brummells, er begründete eine Entwicklungslinie, der die Herrenkleidung in ganz Europa für die nächsten hundert Jahre folgen sollte."

Deutlich hervorheben muß man, daß es damals keine Modeschöpfer oder Designer für die Herrenkleidung gab wie heute. Brummell war ein Gentleman, der seine Kleider bei einem Schneider bestellte. Er verstand es, seine Geschmacksvorstellungen mit Einfühlungsvermögen umzusetzen: Dies machte ihn zum Trendsetter, was Farbgestaltung, Geschmack und bequemen Schnitt betraf. Er gab den Anstoß zu einem neuen Stil, der von der damaligen Gesellschaft aufgegriffen wurde und – wahrscheinlich unbeabsichtigt – manches von dem vorwegnahm, was folgen sollte.

Man kann den Schnitt der Ärmel beispielhaft herausgreifen. Der Ärmel eines Reitrocks muß unter der Achselhöhle weiter geschnitten sein, um dann gekonnt in einen knappen Ärmel überzugehen. So wird gewährleistet, daß der Reiter beim Halten der Zügel in seiner Armfreiheit nicht eingeschränkt ist. Bis auf den heutigen Tag gilt ein knapp geschnittener, aber nicht enger oberer Ärmel als Zeichen guter Schneiderarbeit.

Lassen wir noch einmal Norah Waugh – als die kompetente Kennerin – zu Wort kommen: "Zu Beginn des 19. Jahrhunderts war der Frack mit eingeschnittenem hinterem Rückenteil allgemein für zahlreiche Anlässe, sowohl am Tag als auch am Abend – die Ausnahme bildete der Hof – übernommen worden. Der Frack wurde der "Anzug" der Zeit . . . . Der Reitrock war auch ein "Frack", aber mit abgerundeten statt rechtwinkligen Vorderkanten. Da der Gentleman morgens zu reiten pflegte, wurde dieser Rock auch 'Morning Coat' genannt, man trug ihn auch zu weniger offiziellen Anlässen. In der zweiten Hälfte des 19. Jahrhunderts wurde er immer beliebter; um 1880 schließlich verdrängte er auch bei offiziellen Anlässen den 'Frock Coat' (Gehrock). Und noch heute gilt er als das Kleidungsstück für formelle Kleidung, für Festkleidung."

Das Porträt von Lord Guildford führt uns das Gesagte ausgezeichnet vor Augen (siehe Abbildung 9). Der 'Frock Coat' (Gehrock) kam um 1830 auf. Wahrscheinlich folgte er militärischen Traditionen, da er hoch am Hals schloß und üblicherweise ein Zweireiher war. Von derselben Länge wie der 'Morning Coat', blieb die Vorderseite erhalten. Um die Mitte des Jahrhunderts, so läßt sich noch einmal mit Norah Waugh feststellen, "hatte er sich zu einem sehr respektablen, aber etwas eintönigen Kleidungsstück entwickelt, einem Rock für die wohlhabenden wie für die arbeitenden Bürgerschichten – schlicht ein Gütesiegel viktorianischer Achtbarkeit."

Anzumerken bleibt, daß die Hosen, gewöhnlich gestreift, nicht aus demselben Material wie der 'Frock Coat' (Gehrock) geschneidert wurden; noch immer haben wir einen "Anzug" alter Art vor uns; auch die Proportionen unterscheiden sich noch nicht sehr von dem des "Anzugs" um 1670 (siehe Abbildung 10).

Wir haben bereits gesehen, daß George als Prinzregent und König, dem flotten, leichten Leben zugetan, sich der zeitgenössischen Mode entsprechend kleidete, wo immer es ihm nötig schien, auch wenn das recht unvorteilhaft für seinen Körper war. Er repräsentierte den Zeitgeist. Der Kontrast zu seinem Nachfolger, seinem eher ernsten Bruder Wilhelm, ist überdeutlich. Von 1830 bis 1837 gab es nichts Vergleichbares. In der Schneiderkunst gab es keine Veränderungen.

Wilhelm IV. und seine Frau Adelaide, für wie unspektakulär man ihre Hofhaltung auch halten mag, haben sich auf anderen Gebieten durch ihre vorausschauende Handlungsweise Respekt erworben. Sie halfen, die große Reformgesetzgebung von 1832 auf den Weg zu bringen. Immerhin fand diese Gesetzgebung, die das Privileg zu wählen einer kleinen Gruppe von Landadligen, der 'Gentry', nahm und für weitere Kreise des Volkes öffnete, sehr früh in ihrer Regentschaft statt, so daß sie für eine ordentliche Krönungsfeier keine Zeit fanden. "Dies führte zu großen Verwicklungen, da es notwendig war, daß der König gekrönten Hauptes erschien: Man stritt darum, ob es erlaubt sei, daß der König die Krone vor der Krönungsfeierlichkeit tragen dürfe, er jedenfalls bestand darauf. Lord Hastings tat so, als ob er sie dem König auf den Kopf setzen würde, aber Wilhelm verhinderte dies. 'Niemand wird mir die Krone aufsetzen außer mir selbst. ... . Nun, My Lord, ist die Krönung vollzogen.'" (Philip Ziegler, King William IV.)

Nun, es fand noch eine richtige Krönungsfeierlichkeit statt, aber so bescheiden, daß man sie eine "halbe Krönung" nannte. Zusammenfassend bemerkt der Biograph Ziegler über die Regentschaft: "Er erbte eine Monarchie in desolatem Zustand und hinterließ eine der gefestigtsten in Europa."

Für die Entwicklung der Mode hielt man sich in dieser Zeit an die von Brummell so vorausschauende Weichenstellung. Am Abend trug man Kniehosen aus Satin (es bedurfte des heutigen Herzogs von Edinburgh, um sie endgültig aus dem Buckingham- Palast zu vertreiben), aber tagsüber kam diese Hose mehr und mehr aus dem Gebrauch.

Nun erreichen wir die viel gerühmte Viktorianische Zeit, mit einer jungen Königin 'Victoria', die 1837 den Thron bestieg. Die Geschäftigkeit ließ allenfalls die Rocksäume der Höflinge flattern. Zu erwähnen ist ihre Hochzeit 1840 mit Prinz Albert. Eine Vielzahl von Uniformen, zumeist bei ausländischen Gästen, war zu bewundern.

Dem Prinzgemahl, der 21 Jahre lang viel zur glücklichen Ehe der Königin beitrug, kann nicht nachgesagt werden, irgendetwas Neues zur Herrenkleidung beigetragen zu haben. Unsterblich wurde er dagegen durch: 'Albert', eine Uhrenkette. Dies dürfen wir dem 'Oxford English Dictionary' entnehmen. Er scheint, was die Kleidung anbetrifft, Samtröcke bevorzugt zu haben – möglicherweise eine Vorliebe, die auf seine Faszination für mittelalterliche Kostüme – man erfreute sich ja damals an Kostümbällen – zurückzuführen ist. So wird berichtet, er habe scharlachrote Stiefel bei der Jagd getragen.

Wir müssen uns gedulden, bis es wieder interessanter wird, bis zur Hochzeit des 'Prince of Wales' mit Prinzessin Alexandra von Dänemark (1863) – zwei Jahre, nachdem sein Vater gestorben war. Nun beginnt das Blut des Hauses Hannovers, wie schon bei einigen Vorfahren, erneut seiner Vorliebe für ein flottes, genußreiches Leben nachzugeben. Die Hochzeit selbst verläuft, was die Kleidung anbetrifft, in gewohnten Bahnen. "Der Prinz trug eine Uniform, meisterlich geschneidert von 'Henry Poole', 'Savile Row'".

Bevor wir, glücklich und dankbar, dem ausgelassenen, vom kultivierten Stil geprägten Leben des Prinzen in 'Marlborough House' und 'Sandringham House' unsere Aufmerksamkeit widmen – der damit ein deutliches Kontrastprogramm zu dem stillen Leben der verwitweten Königin bot –, müssen wir versuchen, uns ein Bild von dem englischen Stil und seinem Einfluß allgemein zu verschaffen. Noch immer stammen die meisten Abbildungen, die uns die Herrenmode der ersten Hälfte des 19. Jahrhunderts zeigen, von französischen Druckern – aber im Stil sind sie englisch. Nun, man braucht nicht lange darüber nachzudenken, wir Engländer benötigten keine Modebilder. Unsere Schneider wußten mittlerweile, was richtig war, den armen Franzosen, den 'Frogs', wie wir Engländer liebevoll zu sagen pflegen, mußte man es noch zeigen.

Aber seien wir gerecht, auch die Franzosen hatten große Dandys, wie Alfred, Herzog von Orsay: aus gutem Hause, 1,90 m groß, ein exzellenter Reiter. Er faszinierte 'le monde' in London und Paris. Einen nicht unbeträchtlichen Teil seines Lebens verbrachte er in London und die Schriften, die uns überliefert sind, lassen etwas von der Ekstase ahnen, die sein Erscheinen – bei Männern und Frauen – auslöste. Der Glanz seiner Stiefel wurde nur übertroffen von der Politur seiner Kutsche. Während er Brummell in vielem folgte, im Schnitt, im Finish, in der Wahl dezenter Farben, schienen es ihm Halsbinden besonders angetan zu haben, die, so wird es überliefert, aus dezent blauem oder türkisfarbenem Satin waren. Seine Vorliebe für Schmuck, so nehme ich an, hätte Brummell nicht geteilt, wie wohl sorgsam getragen und ausgewählt. Der gute Alfred starb 1852, Brummell bereits 1840, nach über zwanzig Jahren im französischen Exil. Schließen wir die Betrachtung der englisch-französischen Beziehungen mit einem Blick in James Laver's Buch 'Dandies' ab:

"Zu den Merkwürdigkeiten der Sozialgeschichte darf man den Umstand zählen, daß die Franzosen, völlig überzeugt, daß es keine andere Zivilisation als die französische gibt, diese Franzosen, chauvinistisch und provinziell zugleich in der Wahrnehmung dessen, was sich außerhalb von Frankreich vollzieht, von etwas befallen wurden, das man am besten mit dem Namen bezeichnet, den sie selbst für die besondere Art des Verrücktseins benutzen: 'Anglomanie'. Sie begann in den 90er Jahren des 18. Jahrhunderts zu toben (der 'Zeit des Direktoriums') und auch die Tatsache, daß die beiden Länder in den folgenden zwanzig Jahren Krieg miteinander führten, hindert die Franzosen nicht an ihrer Bewunderung der englischen Kleidung. Als sich die Beziehungen wieder zu normalisieren begannen ... wurde deutlich, daß die englische Damenmode ein für allemal den französischen Modetrends folgte, während die französischen Männer umgekehrt sich ebenso bestimmt 'à l'anglaise' kleideten. Sie taten dies mit einem quälenden Zweifel, daß sie, so sehr sie sich auch bemühten, die Vorbilder nie erreichten.

Die Restaurationsphase nach der Revolution brachte die Bourbonen zurück, aber dies führte nicht dazu, daß die höfische Kleidung des Ancien Régime wiederbelebt wurde. Ludwig XVIII. kleidete sich, sieht man von Staatsgeschäften ab, wie ein englischer Gentleman vom Lande; Karl X. ebenso, und Louis-Philippe sah aus wie ein erfolgreicher 'englischer Kaufmann', mit dem Dandytum hatte er, sich als bourgeoiser König verstehend, nichts im Sinn. Gleichwohl war seine Regierungszeit von 1830 bis 1848 die Hochzeit des französischen 'Dandys'. Die Franzosen, mit ihrer Leidenschaft für Ideen, gaben sich viel Mühe, alles in hochtrabende Wörter zu fassen."

Die menschliche Eitelkeit bildet den Nährboden des Dandytums, aber es stellte damals etwas Besonderes dar.

Es war der Versuch, an der englischen Selbstgefälligkeit teilzuhaben, und die Franzosen, ohne eigenen Begriff, wollten genau dies. Eigentlich, so hat man behauptet, gab es keine französischen 'Dandys', nur platte Imitationen englischer Vorbilder.

Werfen wir nun einen Blick auf das englische Königshaus. Königin Victoria regierte seit 1837. Der zukünftige König, Prinz Edward, bereitete ihr etwas Sorgen; 1858, er war gerade siebzehn, klagte sie ihrer Tochter in einem Brief: "Unglücklicherweise interessiert er sich für nichts als Kleidung, Kleidung und nochmals Kleidung. Sogar auf der Jagd ist er mehr mit seinen Hosen beschäftigt als mit dem Wild." Nachdem sein Vater 1861 verstorben war und sich die Königin weitgehend aus der Öffentlichkeit zurückzog, rückte der 'Prince of Wales', nach seiner Hochzeit 1863, mehr und mehr in die Öffentlichkeit und entwickelte sich zu einer international anerkannten Leitfigur für Lebensstil. Dies wurde noch deutlicher, als er – nun König Edward VII. – 1901 den Thron bestieg. Lassen wir einen seiner Biographen zu Wort kommen, der die Kleidung seiner Majestät vorzüglich beschreibt:

"Der Geschmack des Königs war insgesamt konservativ. Er versuchte, das Verschwinden des 'Frock Coat' (Gehrock) zu verhindern, ebenso bemühte er sich, das Tragen von Kniehosen zur Abendkleidung wiederzubeleben. Er weigerte sich, Panamahüte zu tragen, und verhöhnte diejenigen, die es taten. Er blieb dabei, einen Zylinder auf seinen Ausritten in 'Rotten Row' zu tragen (auch wenn man das seit langem als altmodisch ansah). Andererseits aber setzte er zahlreiche neue Modetrends durch. Er trug auf seiner Indienreise ein kurzes dunkelblaues Jackett mit einem seidenen Kragenbesatz, dazu einen schwarzen Binder und schwarze Hosen und verhalf damit dem 'dinner jacket' [in Deutschland 'Smoking' genannt] zum Durchbruch. Des Königs Vorliebe für die weitgeschnittene, mit einem Gürtel versehene Norfolk-Jacke machte diese Jackettform überall in England populär. Fotografien zeigten ihn mit Filzhut nebst verwegen geformter Krempe, den er aus Bad Homburg mitgebracht hatte, oder mit einem federgeschmückten Tirolerhut aus Marienbad [einem beliebten Kurort im damaligen Österreich-Ungarn, in der heutigen Tschechischen Republik gelegen]. Tausende folgten seinem Vorbild. Er fand es angenehm – später auch elegant – den unteren Knopf an der Weste offenzulassen, und bald schloß kein Gentleman mehr diesen Knopf... .

... Der König war als Autorität in Sachen Lebensstil anerkannt, ebenso wie man sein Urteil in bezug auf Uniformen, Orden und Medaillen – er verfügte über eine gewaltige Sammlung – schätzte. Wenn er in Marienbad kurte, erschienen die Schneider aus vielen Ecken des Kontinents mit Kamera und Notizbuch, um alle Änderungen seiner Kleidung seit dem letzten Aufenthalt zu notieren. ... Der König war jedesmal ungehalten, wenn er Männer sah, die ihre Uniform nicht korrekt trugen oder Zivilkleidung bei Anlässen bevorzugten, die ihm unpassend schienen... ." (Christopher Hibbert, Edward VII.)

Als Lord Rosebery zu einem abendlichen Empfang im Buckingham-Palast in Hosen statt in Kniehosen erschien, fuhr ihn der König an: "Ich nehme an, Sie gehören zum amerikanischen Botschafter." Den Amerikanern sagte man nach, sich unpassend zu kleiden. Einem Sekretär, der ihn fragte, was man in Pariser Künstlersalons zu tragen pflegt, antwortete der König: "Jedermann sollte wissen, daß man bei einer privaten morgendlichen Verabredung immer ein kurzes Jackett mit einem Zylinder trägt."

Wer sich, wie der König, in hohem Maße um korrekte Kleidung bemühte, übersah selbstverständlich die Jagdkleidung nicht. Dem 'Deeside' oder 'Tweedside Coat', der in den sechziger Jahren aufkam, stand er positiv gegenüber. Dabei handelt es sich um einen 'Morning Coat' mit abgeschnittenen Schößen, der nah am Hals schloß; heute nennt man einen derartigen Kragen in 'Savile Row' 'Ghillie-Collar' (siehe Abbildungen 11,12 und 13).

Das Foto seiner Majestät zeigt uns den neuen Anzug mit einem "aufgeschlagenen Kragen", der den Kragen des Hemdes und die Krawatte sichtbar macht. Der obere Knopf verliert dabei seine Funktion, ist aber als Stilelement im Knopfloch bewahrt. Die Abbildung 13 ist damit wohl die wichtigste im gesamten Buch. Sie zeigt uns die Entstehung des fallenden Revers. Bald wird ein neues und noch heute sehr verbreitetes Kleidungsstück entstehen: der 'Lounge Suit', der klassische dunkle Anzug. Er läßt sich auf die sechziger Jahre zurückführen. Die abgerundete Vorderseite (im Fachbegriff "schwacher Abstich" genannt) finden wir bei dem einreihigen Anzug wieder, dies verweist nachdrücklich auf seinen Ursprung, den 'Morning Coat' (den oben beschriebenen Reitrock). Auf der Abbildung sind die königlichen Hosen nicht zu sehen; wahrscheinlich trägt der König Knickerbocker. Aber es bedurfte eben nur einer Änderung bei den Hosen, um bei dem Anzug anzugelangen, in dem sich uns Winston Churchill 1907 zeigt (siehe Abbildung 14).

Betrachten wir nun den Blazer, im 'Oxford English Dictionary' finden wir:
"Blazer: von 'to blaze' = brennen, abfeuern etc., also jemand, der brennt bzw. etwas, das brennt; ein Jackett, üblicherweise aus Wolle und in hellen Farben, oft auch mit Abzeichen. Wird vorzugsweise beim Sport getragen.
Reefer, 1829: jemand, der auf einem Schiff die Segel refft; umgangssprachliche Bezeichnung für einen Fähnrich, da dieser den Vorgang des Segelreffens vom Mastkorb aus überwacht.
Reefing jacket: Seemannsjacke, 1883."

Ich habe mich auf die Suche nach dem sogenannten Ursprung des modernen Blazers, besonders des zweireihigen, gemacht. Ich denke, der einreihige entstammt dem Cricket und Tennis, der doppelreihige entwickelt sich wohl aus der Seemannsjacke und mit Sicherheit aus dem mit acht Knöpfen besetzten doppelreihigen Marinemantel.

Eines Tages wurden wir – meine Mitarbeiter und ich – von der bekannten Rudermannschaft der Universität Oxford gebeten, ihnen bei der Modernisierung ihres marineblauen Blazers, den sie nach dem Rudern üblicherweise trugen, zu helfen. Das Kleidungsstück folgte im wesentlichen dem Vorbild der Seemannsjacke, und es waren nur kleinere Änderungen hinsichtlich des Schnittes und der Plazierung der Knöpfe notwendig, um das gewünschte Ziel zu erreichen.

Der doppelreihige Blazer bringt uns unweigerlich zum zweireihigen klassischen Anzug. Ich neige zu der Annahme, daß der Zweireiher eine gekürzte Form des 'Frock Coat' (Gehrock) ist. Der Einreiher geht zurück auf den 'Morning Coat', der 'Deeside Coat' bildet einen wichtigen Zwischenschritt.

Werfen wir nun einen Blick auf das Vorsatzpapier (die Einbandinnenseiten). Man sieht die Studenten des Balliol College, Oxford, auf einer Abbildung aus dem Jahre 1890. Leicht zu erkennen ist die erstaunliche Vielzahl der unterschiedlichen Anzüge. Aber alle sind hochgeschlossen. In der hinteren Reihe sieht man einen Zweireiher, der offensichtlich als ein Vorfahr des modernen Blazers anzusehen ist. Neben dem Zweireiher befindet sich eine etwas zerknitterte hochgeschlossene Weste. Ich wage einen Blick in die Zukunft, der hochgeschlossene Anzug und die entsprechende Weste werden sich als eine Kombination erweisen, die wir in den nächsten Jahren noch häufig sehen werden. Kehren wir zum Bild zurück. Der Junge ganz rechts trägt einen nahen Verwandten des 'Deeside Coat', den wir bei Edward VII. auf Abbildung 13 sehen konnten.

Nun, die Dinge, die man damals so mit sich herumtrug,

entstammten alle den Werkstätten ortsansässiger Schneider. Selbstverständlich gab es keine Kleidung von der Stange. Man sieht reichlich steife Kragen, manche mit umgeknickten Ecken. Die Überbleibsel einer auf Förmlichkeit bedachten Zeit wirken etwas unglücklich im Zusammenspiel mit den nun informelleren Anzügen. Aber all dies fand seinen Abschluß im 'Lounge Suit'. Der einreihige Anzug, von drei Knöpfen gehalten, hatte sich nach der Jahrhundertwende durchgesetzt (siehe Abbildung 14).

III

AUCH IN DER DEMOKRATIE WEIST DAS KÖNIGSHAUS DEN WEG

"Sieht man den Gehrock eines Salons in
Bronze auf die in Marmor verewigte
zweireihige Weste gegossen, so erfährt der
Tod neuen Schrecken."

OSCAR WILDE

Georg V. bestieg 1910 den Thron. Dargestellt haben wir
den großen Einfluß seines Vaters Edward VII. auf die Herrenkleidung. Die große wirtschaftliche Bedeutung, obwohl
er selbst über einen derartigen Gedanken entsetzt gewesen
wäre, sei erwähnt. Er wollte schlicht die Würde der Oberschichten und der Monarchie wahren. Der Tradition sollte
der nötige Respekt entgegengebracht werden.

Der eine oder andere Leser, besonders wenn er kein
Engländer ist, wird vielleicht überrascht sein, daß ich
dem Königshaus so viel Aufmerksamkeit schenke. Ich
muß um etwas Geduld bitten. Soweit wir von der Herrenkleidung sprechen, müssen wir feststellen, wie glücklich wir sein können, von Georg VI., Edward VII. und Georg V. und schließlich dem außerordentlich unterhaltsamen
Edward VIII. regiert worden zu sein: Sie alle widmeten
Kleidungsfragen außerordentliche Aufmerksamkeit. Mehr
noch, ihre Regierungszeit und ihre Gewohnheiten sind ausgezeichnet dokumentiert durch bekannte Historiker.
"Wie sein Vater beschäftigte sich König Georg intensiv mit
Kleidungsfragen. Er wuchs auf in einem Zeitalter, in dem
man sich um derartige Dinge sorgte. Um die Jahrhundert-

wende dachten nicht einmal die Ärmsten seiner Untertanen daran, das Haus ohne Hut zu verlassen: Die Wohlhabenden wechselten die Kleidung mehrmals am Tage...... Der König unterschied sich von seinen Zeitgenossen darin, daß er sein Leben lang den Vorgaben seines Vaters folgte; er kleidete sich im 'Edwardian Style'; ein Stil von unaufdringlicher Eleganz, der die Schwächen der Natur verdeckte.

Bei offiziellen Anlässen hielt er sich peinlich genau an Frack und Zylinder. Ihr düsterer Glanz wurde abgemildert von einer hervorstehenden, gestärkten Manschette, einem weißen Hemd unter der Weste und vielleicht auch einer Gardenie. Für das Pferderennen in Ascot oder ähnlichen Veranstaltungen im Sommer konnte man diesen Anzug auch in durchgängigem Grau tragen. Bei Rennen oder anderen 'rus in urbe' Ereignissen, wie der Blumenschau in Chelsea, trug der König einen nicht weniger makellos geschnittenen Anzug aus feinstem braunen oder grauen Stoff – Blau hatte er während seiner Zeit in der Marine genug gesehen – und als Krönung des ganzen einen steifen, hohen Bowler (wegen seiner Form auch Melone genannt) aus schwarzem, braunem oder grauem Filz mit aufgebogener Krempe. Seine Hosen hatten Bügelfalten, seine Mäntel waren im allgemeinen lang, die schwarzen Handschuhe gerippt. Er trug seine Krawatte mit einem Ring, statt sie zu knoten, und eine mit Edelsteinen besetzte Nadel hielt sie an ihrem Platz. Stiefel zog er den Schuhen vor, und er ging nie ohne Spazierstock aus. Morgens vor einer Jagd legte ihm sein Kammerdiener karierte Tweedkleidung in überraschend leuchtenden Farben bereit, Gamaschen mit acht Knöpfen, die ihm beinahe bis ans Knie reichten, und einen Homburg. Auf seiner Segelyacht trug der König einen weißen Flanellanzug und eine flache Mütze ohne Spitze. Schottland bezeugte er seinen Respekt, indem er bei Besuchen Landeskleidung – zum Kilt einen Inverness und eine federgeschmückte Schottenmütze – trug. Klei-

dung war für ihn nicht einfach Kleidung – sie war Liturgie."
(Kenneth Rose)

Der Gang der Dinge wurde durch zwei Ereignisse
gestört: den Ersten Weltkrieg (1914-18) und den heran-
wachsenden 'Prince of Wales'. In der Kriegszeit ging es
dem König darum, "die Grundlagen der Monarchie zu bewahren und keine unvertretbare Spaltung zwischen seinem
Leben und dem der einfachen Soldaten und Seeleute der
Kriegsmarine entstehen zu lassen. Er trennte sich von seiner
Zivilkleidung, schaffte nichts Neues mehr an, ausgenommen Uniformen in Khaki oder Marineblau."

Die Beziehung zwischen dem König und seinem Sohn,
dem späteren Edward VIII., gestaltete sich nie besonders
glücklich. Zu den Reibereien gehörte auch ihr Disput über
Kleidung. Ein Brief des Königs an den Prinzen nach dessen Rückkehr von einer erfolgreichen Rundreise liest sich
wie folgt: "Den zahlreichen verschiedenen Fotos, die in
den Zeitungen erschienen sind, entnehme ich, daß Du zu
weißen Uniformen Umlegekragen und eine schwarze Krawatte trägst. Ich frage mich, wessen Idee dies war, da ich
etwas Unpassenderes nie gesehen haben. Ich habe zwanzig
Jahre lang weiße Krawatten getragen, wie es sich schickt."

Die Biographen beschäftigten sich intensiv mit der
Kleidung des Prinzen:
"Es kann nicht verwundern, daß sich der Prinz in seiner
Zeit in Oxford für die legerere Mode begeisterte, er erschien in Flanellhosen zum Sportjackett und trug 'Plus-
fours', eine längere und weitere Version der Knickerboc-
kers, in einer frühen Form. Hosen mit Aufschlägen, die
damals der letzte Schrei waren, verschmähte er. Er läßt
wissen, daß er offizielle Kleidung nicht besonders schätzt,
und im Gegensatz zu anderen Mitgliedern der Familie, besonders Kaiser Wilhelm, sich nichts aus Uniformen macht.
Aber dies ist wahrscheinlich nicht ganz richtig. Auf jeden
Fall bereitete ihm seine eigene Kleidung ein Leben lang

Freude und, so wenig er sich sonst um Bildung kümmerte, beschäftigte er sich intensiv mit der Geschichte und der Entwicklung der Kleidung. Man hat wiederholt vermutet, daß die Art, sich zu kleiden, von seinem Wunsch gelenkt wurde, seinen Vater zu provozieren, und falls dies zutrifft, so war er sicherlich erfolgreich. Auch noch später, als sich niemand außer ihm selbst für seine Kleidung interessierte, ... konnte man ihn in dem Garten seines Hauses in Südfrankreich finden, bekleidet an einem Tag mit purpurroter Hose, hellblauem Hemd und rot-weißen Schuhen, am nächsten Tag mit leuchtend blauer Hose, kanariengelbem Hemd und blauen Schuhen. Und in seinem Buch 'A Family Album', das wohl als Sammlung anekdotischer Erinnerungen gedacht war, kommt er wie unter einem inneren Zwang wieder und wieder auf das Thema Kleidung zurück, so daß das Buch mehr oder weniger eine Geschichte der modernen Kleidung wurde, die er an Beispielen der eigenen Familie beschreibt." (Frances Donaldson, Edward VIII.)

Ich darf Sie, liebe Leser, daran erinnern, daß Edward VIII., nachdem er 1936 den Thron bestieg, nur wenige Monate regierte. Er dankte ab, weil man seine Beziehung zu einer geschiedenen amerikanischen Lady, Mrs. Simpson für unpassend hielt. Aus dem König wurde der 'Duke of Windsor'.

Das bereits erwähnte Familienalbum ('A Family Album', das 1960 erschien), widmet über die Hälfte seiner Seiten Kleidungsfragen (84 von 144). Werfen wir also einen Blick hinein: "Bequemlichkeit und Freiheit waren die beiden Prinzipien, nach denen sich die Veränderungen der Herrenmode im freieren und ungezwungeneren demokratischen Zeitalter zwischen dem Ersten und dem Zweiten Weltkrieg vollzog. Diese Veränderungen kamen, dem Stil konservativer Männer ähnlich, nur allmählich, unauffällig zustande, ja, man könnte sagen, sie waren nicht einmal sichtbar. Der typischste Vertreter dieser Entwicklung war der Anzug, in dessen englischer Bezeichnung 'Lounge Suit' sich schon die Muße und Entspannung andeutet, die er seinem Träger verspricht. Er wurde zum wahrhaft klassischen Anzug. Sein Jackett hatte sich nach und nach aus dem 'Morning Coat' entwickelt, dessen Schöße am Ende des 19. Jahrhunderts manchmal schon bis kurz unter den Hüften gekürzt waren, bis sie vollständig verschwanden, um einem langen Rockjackett mit Rückenschlitz zu weichen. In früheren Jahren des 19. Jahrhunderts hatte man ihn nur beim Sport getragen, nicht in der Stadt. Zuerst war das Anzugjackett hochgeschlossen, doch allmählich verringerte sich die Zahl der Knöpfe von vier auf drei oder zwei, und sogar – allerdings nicht in höheren Kreisen – auf einen einzigen Knopf.

Gleichzeitig wurde auch das aus der Seemannsjacke entstandene zweireihige Anzugjackett beliebter; die Zahl der zu schließenden Knöpfe nahm von sechs auf vier ab. Die Weste, deren Halsausschnitt mit den Jahren schon tiefer geworden war, schien nun überflüssig und verschwand am Ende ganz. Endlich wurden auch die Hosenträger durch den Gürtel ersetzt – der männliche Körper war ein für allemal befreit.

Aber während die Anzüge freier und bequemer wurden, kam die eigentliche Revolution in der Herrenkleidung doch mit dem Niedergang der tyrannischen Wäschestärke. Das weiche Hemd hatte es schon gegeben. Nun sah man es immer mehr als Selbstverständlichkeit an, auch weiche Kragen und Manschetten zu tragen, und das Hemd mit anknöpfbarem Kragen starb eines langsamen natürlichen Todes. Als dieser Siegeszug des weichen Stoffes sogar die Abendkleidung erreichte, war das wahrhaftig eine Revolution... .

Den größten Teil der zwanziger Jahre hindurch beherrschte der Frack mit seinem gestärkten Hemd die Abendkleidung unangefochten. Nach dem Ersten Weltkrieg wurde er einige Jahre lang sogar auf privaten Abendempfängen getragen, in den eleganteren Restaurants und Nachtlokalen, die ich damals zu frequentieren pflegte, war er ein Muß.

... Der Smoking erschien, und Ende der 20er Jahre wurde er als Selbstverständlichkeit betrachtet .... Wir ließen ihn und den Cutaway aus mitternachtsblauem statt wie bisher aus schwarzem Stoff fertigen.

... mittlerweile hatte sich eine neue, zweireihige Variante des Smokings entwickelt ... , die in den eher konservativen Kreisen etwas mißtrauisch betrachtet wurde ....

Wenn Kleidung eine Kunst ist, so ist sie doch auch Kommerz. All diese schicken jungen Männer der Zeit wurden von der Kleidungsindustrie gekonnt als Modelle für die Verbreitung der britischen Mode und den Verkauf britischer Produkte weltweit benutzt, besonders in Amerika. Ein Schneider oder Hemdenhersteller probierte ein neues Material oder einen neuen Stil an einem von ihnen aus und beobachtete dann, wie die Idee ankam, bevor er sie in Produktion gab. Ich spielte dabei eine recht prominente Rolle, über die ich mir selten bewußt war."

Wir haben sie also entrollt, die Geschichte des englischen Anzugs über mehr als 250 Jahre, von 1670 bis 1936, dem Jahr der Abdankung Edward VIII. Ich habe versucht, die Entwicklung durch einen Blick auf die Garderobe der Prinzregenten und Könige zu illustrieren und zu erklären. Die Herren beschäftigten sich nachhaltig mit Kleidung; sie wußten, daß die Art, sich anzuziehen, Autorität und Würde der Krone ausdrückt. Ihre Untertanen waren stolz auf sie und versuchten, ihnen nachzueifern.

Ein wichtiger Aspekt muß abschließend noch einmal hervorgehoben werden. Wir können bei Edward VIII., als 'Prince of Wales', verweilen. Er und seinesgleichen machten sich Gedanken über den Schnitt und Details – die Position der Taschen und Knöpfe – und diskutierte sie mit ihren

Schneidern. Der Prinz etwa bevorzugte die Firma 'Scholte' in 'Savile Row'. Er pflegte den Laden zu besuchen, ließ also den Schneider nicht zu sich kommen. Die Kleidung wurde, modern ausgedrückt, in einem Diskussionsprozeß erarbeitet, nicht von einem Designer entworfen. Beide, Kunde und Schneider, fühlten sich den Traditionen zutiefst verpflichtet; beide wußten, wie weit man bei Veränderungen gehen konnte. Niemals hätte man ein einreihiges Sakko mit einem steigenden Revers kombiniert.
Wenden wir uns nun der neueren Entwicklung zu.

IV

DIE "PEACOCK REVOLUTION"

"Nun, soweit es um die Männer geht, ist
die Tyrannei der Schneider allgemein
verbreitet und hat sogar den Fernen Osten
erobert."
ERIC GILL

Wir sind nun in den 30er Jahren angelangt. Ich selbst kam
1934 nach London, um in einer Maßschneiderei für Damen, 'Lachasse', zu arbeiten. Es handelte sich um den
Ableger eines für den Königshof tätigen Hauses, in dem
meine Mutter gearbeitet hatte. Ihre Kollegen waren meine
ersten erwachsenen Freunde. Ohne jegliche Berufsausbil-
dung und Erfahrung im Fach stand ich vor der Arbeit wie
eine Ente, die zum ersten Mal das Wasser sieht. Die Firma
wurde Mitglied der 'Incorporated Society of London Fashion Designers', ich erlebte meinen "Stapellauf" – und war
glücklich, mich mit Wolle und Schneiderei beschäftigen zu
können.

Die Kundschaft von 'Lachasse' entstammte durchweg
dem Landadel: Die Damen wünschten passende Kostüme
(in den Kreisen des Landadels nannte man sie 'coats and
skirts') für die Pferderennen, aber ein Kostüm sollte gut
genug sein, um es auch in London zum Mittagessen tragen
zu können. Die Arbeit mit Tweed schätzte ich besonders.
Meine Kollektionen fanden Gefallen, ich freundete mich
mit den Herausgebern der Modemagazine an und wurde
ein bescheidenes Mitglied der 'beau monde', der Welt der
Mode. Besonders erwähnt sei meine freundschaftliche Beziehung zu der Familie Alexis ffrench. Alexis sehen Sie

auf dem Umschlag. Er trägt einen Anzug, den ein ausgezeichneter Schneider, Mr. Wyser, anfertigte. Er entstammt dem Jahr 1930. Damals war ich noch nicht in London. Das Bild fand sich zufällig vor gut zehn Jahren bei einem New Yorker Händler! Es wurde von einem amerikanischen Künstler in Paris gemalt. Alexis nahm mich mit zu Mr. Wyser. Er war (wie Scholte) deutscher Herkunft, sein Akzent wies nach Glasgow, seinem Geburtsort. Es entwickelte sich ein enges Verhältnis, er machte zwanzig Jahre lang meine Anzüge, Uniformen und einen Mantel, einen 'British Warm' (ganz ohne Anprobe).

Während der Anprobe erläuterte er, was er tat. Wenn man das Jackett überzieht, nimmt man zunächst den Kragen ab. "Er ist immer zu kurz", pflegte er zu sagen, um dann eine Erklärung über die Bedeutung der Positionierung des Knopfes in Taillenhöhe folgen zu lassen. Der Knopf muß einen guten Zentimeter unter der persönlichen Taillenlinie gesetzt werden. Um diese zu finden, legte er sein Maßband um die Taille, zog an beiden Seiten, es legte sich oberhalb der Hüftknochen, und damit hatte er die Taillenlinie gefunden. Beim letzten Anprobieren pflegte er diesen Knopf, nachdem er ihn zugemacht hatte, zu fassen und die Paßform des Jacketts zu prüfen. Ließ es nicht genug Bewegungsfreiheit, so war es zu eng in der Taille und mußte zurück auf den Schneidertisch. Meinem guten Mr. Wyser sagte der Name Beau Brummell wenig, aber instinktiv folgte er dessen Geschmacksvorstellungen.

Was ich bei Wyser über den Schnitt und die Paßform der Herrenkleidung lernte, übertrug ich auf die Damen. Die Schultern wurden weit geschnitten und unauffällig gepolstert. Der Stoff fiel in gerader Linie von den Schultern. Die Taille wurde ein wenig durch den gekonnten Schnitt für die Seitennaht und den wohl plazierten Abnäher betont. Bei geöffneter Jacke konnte der Stoff ungehindert fallen.

Schloß man den Taillenknopf, entstand eine kleine Rundung – gerade ausreichend, die Linie zu unterbrechen und der Taille zu schmeicheln. Über der Brust hatte reichlich Stoff zu sein: dies wurde 'drape' genannt. Für Frauen mit hübschem kleinen Busen konnte der Stoff durch Dämpfen und Bügeln gedehnt werden; dadurch umschmeichelte er den Busen, ohne ihn einzuengen.

Für die Herren in Hollywood verstärkten die Schneider Polsterung und 'drape' – kürzten das Jackett und kreierten ein entsetzliches Etwas, das sie Sakko nannten, eine sehr breitschultrige Anzugjacke, quadratisch und unförmig.

Um Ihnen einen typischen Anzug der 30er Jahre zu zeigen, bietet sich ein Blick in die Werbung an (siehe Abbildung 15). Der Preis, den die Firma Burton nennt, scheint ein Witz – doch er war ernst gemeint, der Preis betrug damals 45 Schilling, also gut 2 £. Vom Stil her haben wir einen klassischen Einreiher mit drei Knöpfen, die meisten Anzüge waren von dieser Art. Die abgebildeten Schultern sind etwas zu weit und die Taille wirkt etwas eingeklemmt, wenn man den Maßstab Beau Brummells, Mr. Wysers und selbstverständlich des 'Prince of Wales' anlegt. Die Hosen scheinen weit geschnitten, sie sind es auch. Der Einfluß der 'Oxford Bags' (der unter Studenten der Universität Oxford in den 20er Jahren verbreiteten sehr weit geschnittenen Hosen) ist noch wirksam. Insgesamt sind die Proportionen gelungen und in der Brustpartie findet der Stoff genügend Platz, gut zu fallen. Aber dem Anzug fehlt jegliche Eleganz – er ist fehlerhaft – als Einreiher mit aufsteigendem Revers (das dem zweireihigen Anzug vorbehalten sein sollte). Das ist mehr als schlecht und zeigt, daß der Anzug nicht den Traditionen eines guten Schneiders folgt.

Man sieht, es kommt auf scheinbare Kleinigkeiten an. Mr. Wyser, Alexis ffrench und Co. – und nicht zuletzt mein Vater, der als Beispiel für das Wissen und den Geschmack eines durchschnittlichen Bürgers (sensibilisiert durch seinen vierjährigen Militärdienst als Offizier im Ersten Weltkrieg) dienen kann – hätten nie den oberen und unteren Knopf eines Jacketts mit drei Knöpfen geschlossen. Woher diese Regel stammt, vermag ich nicht zu sagen. Aber der Schnitt eines Jacketts folgt dem mittleren Knopf (in der Tradition des Reitrocks und des 'Morning Coats', den Vorläufern des klassischen Anzugs). Der untere Knopf kann nicht geschlossen werden. Läßt man den oberen Knopf ebenfalls geöffnet, ergibt sich ein wohlbalanciertes Knopftrio und ein 'dégagé air' (zwangloses Flair) – der Anzug vermittelt Atmosphäre, er zeigte und zeigt Stil.

Die oben erwähnte Firma 'Burton' benutzte das 'Multiple-Tailoring'-System, das ich Ihnen im Vorwort bereits kurz beschrieben habe. Man betrieb einige hundert Läden im Vereinigten Königreich. Hier konnte man, mit der geliebten Frau oder Mutter, Stoff auswählen – guten, robusten Stoff mit einem Gewicht von 15 bis 16 Unzen, etwa 440 Gramm, pro Quadratmeter (die englischen Hausfrauen verstanden sich immer auf Stoffe). Maß wurde genommen und ein Anzugsmodell gewählt. All diese Informationen gingen an die Fabrik, gewöhnlich in Leeds. Hier erfolgte der Zuschnitt von Hand, den Rest übernahm die Maschine. Mit Geschick und Erfahrung hatte man die Produktion organisiert: Man sah Reihen von Näherinnen, die Ärmel einsetzten und Hosenknöpfe annähten. Die Herstellungskosten beliefen sich auf etwa zehn Schilling. Der Anzug konnte dann für die genannten 45 Schilling (damals vielleicht 45 DM) im Laden einer beliebten Einkaufsstraße angeboten werden.

Dieses System wurde nach dem Ersten Weltkrieg eingeführt, als Tausende von Offizieren und Soldaten, die sich zeitweise wie Herren zu kleiden hatten, ins zivile Leben zurückkehrten. Ihre Garderobe mußte ergänzt werden. Die Gentlemen bevorzugten Maßanzüge, aber die Handarbeit erwies sich als zu teuer. Hier setzte das 'Multiple Tailoring'

an, es folgte den Kundenwünschen und war weithin erfolgreich.

1945, als nach dem Zweiten Weltkrieg, der alle Kriege
beenden sollte, abermals Frieden einkehrte, kleideten sich
ca. 60 % aller Männer im Vereinigten Königreich auf die
oben beschriebene Weise. 'Burton' war Marktführer, es
folgten 'United Drapery' und 'Hepworth'.

Als der Zweite Weltkrieg 1939 ausbrach, wurde ich
persönlich mit der Situation konfrontiert, meine deutschen
Freunde als Feinde betrachten zu müssen. Gleichwohl
machte mich der Militärdienst nicht unglücklich, ich erfüll-
te sechs Jahre lang meine Pflicht und brachte es zum Leutnant. In Modekreisen war ich nicht ganz unbekannt, und
durch die ffrenchs gelang es mir, meinen Bekanntenkreis
zu erweitern. Auch mit meinem Schneider durfte ich zufrieden sein. Zu einem Empfang, den der 'Prince of Wales'
und Mrs. Simpson gaben, lud man mich ein. Ich verstand
mich durchaus zu benehmen.

1945 kehrte ich aus dem Krieg zurück und eröffnete ein
Jahr später eine Maßschneiderei ('haute couture') für Da-
men in 'Savile Row'. Bald wurde ich ersucht, 'Prinzessin
Elisabeth' Kleider für ihren Kanadabesuch 1950 zu liefern.
Nach der Krönung (1953) wurde mir der Titel 'Dressmaker
to Her Majesty' verliehen (1955).

1959 bot mir die Firma 'Hepworth' einen Vertrag an,
Entwürfe für ihre Anzugfabrikation zu liefern. Das Angebot dieser expandierenden Firma, 1864 gegründet, war
verlockend; der Gedanke, als "Herrenschneider" zu arbeiten, faszinierend. Uns war klar, daß wir unseren Namen für
preiswerte Kleidung zur Verfügung stellten. Das Engagement sollte sich auszahlen. Es war der eigentliche Beginn
des Lizenzgeschäftes, das heute der "Couture" überall auf
der Welt als Lebensgrundlage dient. Unser guter Ruf wurde nicht beschädigt, und kommerziell war es ein Erfolg.
'Hepworth' wies zu Beginn unserer Zusammenarbeit einen

Gewinn von einer halben Million £ aus, fünf Jahre später war es über eine Million.

In der unmittelbaren Nachkriegszeit, so meine Erinnerung, interessierte man sich nicht sonderlich für Modeneuheiten, man gierte nach ziviler Kleidung. In Großbritannien war die Kleidung zunächst noch rationiert, aber das Leben normalisierte sich und Ende der 50er Jahre spürte die Branche, daß Designer notwendig waren. In den oberen Schichten wollte niemand mehr Zeit und Geld aufwenden, um mit einem Schneider einen Anzug zu "besprechen", wie es der 'Prince of Wales' in 'Savile Row' getan hatte. Firmen, die wie 'Hepworth' die Marktlage erkannten, sahen, daß es diese Lücke durch eine Autorität zu füllen galt. Es sprach einiges dafür, daß jemand, der sich auf Damenkleidung verstand, der sich also gezwungenermaßen mit der Zukunft und den Entwicklungen von morgen auseinanderzusetzen hatte, die beste Wahl darstellte. Seit ich in der Modebranche tätig bin, also seit 1934, verlieh ich meiner Meinung durch eine Kollektion Ausdruck. 'Hepworth' bot mir genau dies an. Ich begab mich also zu meinem alten Freund Mr. Wyser und orderte von ihm zwanzig Anzüge und Mäntel, um über eine Musterkollektion zu verfügen. Er war sehr erfreut, genau wie etwas später die Herren Direktoren von 'Hepworth'. Wir legten wert auf Details, wie den guten 'drape' im Brustbereich bei weiten Schultern, ein Markenzeichen für 'Savile Row', und lange Anzugjacken, die "up to date" waren.

Die vorhandenen Hepworth-Anzüge unterzogen wir einer kritischen Prüfung. Ihnen fehlte ein gewisses Niveau, aber mir war klar, wie wir es erreichen konnten. Die Anzüge drückten keinen Stil aus: Sie waren zu kurz und zu eng tailliert. Die neue Amies-Wyser-Silhouette war großzügiger und weiter, 'gentlemanly'. Die maschinelle Herstellung verlieh den Jacketts durch die zu steife Wattierung etwas Strenges. Allerdings waren, wie bereits erwähnt,

60 % der Männer glücklich und fühlten sich ausgezeichnet. Die Anzüge, das wurde mir schnell klar, sollten auf einem 'Savile Row' Maßanzugs der 30er Jahre beruhen. Doch es galt, eine Reihe von Einflüssen zu berücksichtigen.

Die heranziehenden 60er Jahre ließen für jedermann, auch außerhalb Englands, erkennbar eine bunte Vielfalt von neuen Entwicklungen erblühen. Beginnen wir mit den Beatles. Sie bevorzugten enggeschnittene Jacken, hochgeschlossen bis zum Hals, ohne Kragen, üblicherweise in schwarz mit weißen Rollkragenpullovern. Brummell hätte seine helle Freude gehabt, insbesondere an den engen Hosen, die sich über die schwarzen Stiefel schmiegten. Die ausgesprochen hohen Absätze verliehen den Barden eine ausgezeichnete, eine exzellente Silhouette. 'A fine leg' ("ein feines Bein") war der Stolz des 19. Jahrhunderts und der Viktorianischen Zeit (1837-1901). Die 'Edwardians', also die Zeitgenossen Edward VII. (1901-1910), hielten nicht viel davon.

Das aufsässige Aussehen der Beatles scheint junge Leute ermutigt zu haben, sich durch ihre Kleidung auszudrücken. Die "Teddy Boys" hatten es bereits in den 50er Jahren vorgemacht. 'Teddy', ein Slangausdruck für 'Edwardian', diente den Jugendlichen für einen Aufzug, der kaum das Wohlwollen Edward VII. gefunden hätte. Nun, sie wollten schlicht etwas mehr Pep in ihrem Outfit. Enge Hosen, Stiefel mit hohen Absätzen und die längeren körperbetonenden Jacken verhalfen dazu.

Wir befinden uns am Anfang einer neuen Zeit, der "Peacock Revolution", in der man auf Krawatten gemeinhin verzichtete, nicht aber auf Rüschen an den Hemden. Es gab breite Krawatten mit Blumenmuster, Chelsea-Stiefel und Rollkragenpullover. Es gab auch einen Guru, Mr. Fish, 'Clifford Street'. Da er sehr teuer war, suchte die Jugend nach billigeren Möglichkeiten einzukaufen – man fand sie in 'Carnaby Street'. Das meiste, das man damals produzierte, sehen wir von den allgegenwärtigen Jeans ab, ist wieder verschwunden. Aber die grundlegende Idee, die hinter allem stand, blieb. Die Jugend beansprucht das Recht, sich in ihrer Kleidung nach eigenen Vorstellungen auszudrücken, wenn ihr danach ist. Autoritäten, der König oder der 'Prince of Wales', haben ihre Vorbildfunktion verloren. Designer haben einen gewissen Einfluß, aber sie sind nicht unfehlbar. "Street Fashion" drückt etwas anderes aus. Man kleidet sich, um mit seinesgleichen mithalten zu können. Man strebt nicht an, Ältere oder Reichere nachzuahmen.

Dies alles betraf zunächst die billigere Kleidung, aber die gehobenen Bereiche blieben nicht unberührt. Enge Hosen und taillierte Jacken verbreiteten einen 'Edwardian Look' – bis die Sache schließlich etwas spießig wurde. Man begann, auf Designer zu hören, und gewöhnte sich daran, auch die Herrenmode ernsthaft zu diskutieren. So wurden die Modenschauen, die ich für 'Hepworth' sieben Jahre lang im Savoy-Hotel organisierte, von der Londoner Männerwelt durchaus beachtet, sie fanden also nicht nur Interesse bei der Fachpresse.

Neben der Jugend gab es einen neuen Mitspieler in der Welt der Herrenkleidung, der immer stärker in Erscheinung trat: Italien. Während des Krieges hatten englische Soldaten bereits zu sehen bekommen, wie gekonnt leger sich Italiener zu kleiden verstanden. Bei größter Hitze trugen sie gutgeschneiderte, gekonnt gebügelte Hemden und Hosen. Besonders die Hosen wiesen eine unvergleichlich bessere Paßform auf als die britischen. Britische Schneider verstanden sich in den 30er Jahren nicht besonders gut auf Hosen. Auch der 'Prince of Wales' bemühte einen besonderen Schneider. Der Firma Scholte überließ er nur das Jackett. Die ersten italienischen Anzüge auf dem Markt waren kurz und etwas unförmig, aber eng im Gesäß.

Die Mode für die Jugend wurde durch 'Carnaby Street' stimuliert. Werfen wir nun einen Blick auf 'Savile Row', auf einen jungen Designer, der hier arbeitete. Ich darf Sie, liebe Leser, daran erinnern, daß 'Savile Row' das Zentrum englischer Schneiderkunst ist, hier fertigt man Anzüge nach Maß. Man liefert die Ware auf Bestellung der Kunden, man berät den Auftraggeber, aber versucht sich selbst nicht in neuen Entwürfen. Eine Ausnahme bildete Tommy Nutter, ein gutgewachsener Mann, ihm standen seine taillierten Jacketts mit breiten Schultern, ebensolchen Revers und natürlich mit Schlitzen sehr gut (siehe Abbildung 16). Er fing ein, was modern war. Wenn es etwas nach Effekthascherei aussieht, so folgte er den Wünschen des Showbusiness, aber als Schneider blieb er 'Savile Row' treu (zur Erinnerung, hier hatte er sein Geschäft). Aber er konnte sich nicht halten. Er folgte der Mode, vermochte aber den nächsten Trend nicht vorauszusehen. Darauf aber kommt es an, wenn man wie er versucht, den Trends zu folgen.

Mr. Fish, den Guru der Jugendmode, habe ich schon erwähnt. Mit Anzügen beschäftigte er sich nicht, aber mit Hemden, Krawatten und Pullovern – den Elementen der "Peacock Revolution". Die Gunst der Stunde nutzten die Italiener. Sie brachten körperbetonte Hosen und phantasieanregende Pullover auf den Markt.

Mit der Arbeit für 'Hepworth' war ich völlig ausgelastet. Auf der jährlich stattfindenden Modenschau brachte ich zum Ausdruck, was ich für richtig hielt, die Präsentation war, wie wir es ausdrücken, mein 'Statement'. Noch immer war der Anzug mit drei Knöpfen der populärste. Auch die Beatles trugen ihn, bis zum Hals geschlossen. Mir war klar, es würde sich etwas verändern, die Zahl der Knöpfe, so vermutete ich, würde sich erhöhen. Ich lag falsch. Es wurden weniger. (Abbildungen 17 und 18)

Ich erkannte schnell, daß Anzüge eher weniger statt hoch geschlossen sein sollen. Wir hatten bereits damit begonnen, an Jacketts Rückenschlitze einzufügen – was sehr gewagt war! Zehn Zentimeter lang! Einmal sah ich einen Anzug von Cardin mit Schlitzen, die bis zur Taillinie reichten. "Das ist es", sagte ich, und tat es ihm gleich. Anzüge von Tommy Nutter waren in der Taille stärker betont, als Mr. Wyser es jemals gebilligt hätte. Dies alles war Teil eines "Edwardian Look" für den Gentleman: Jacketts waren tailliert und um die Hüfte ein wenig "ausgestellt". Die langen Rückenschlitze waren für die Linie ausgesprochen vorteilhaft; selbstverständlich auch die engen Hosen, von den Beatles eingeführt. Das war's, was ich 1969 nach New York brachte.

Mit einer großen amerikanischen Firma (Genesco) schlossen wir einen Vertrag, Herrenanzüge zu entwerfen. Die zahlreichen Filialen hatten sich im Boom der Nachkriegsjahre rasant entwickelt. Dazu gehörten Läden, in denen die Kunden sich die Mode von Modellen vorführen lassen konnten; in New York und überall in den USA. Den Jahren des Aufschwungs folgten Jahre des Niedergangs. Es war alles etwas zu groß geworden; zu groß, um kontrollierbar zu sein für Männer, die nichts von Kleidung verstanden. Es war eine nervenaufreibende Arbeit, aber ich bin dankbar für den Zuspruch, den ich immer wieder erhielt – durch Direktoren, die alle sechs Monate wechselten! Meine Erfahrung in Amerika eröffnete mir den Weg nach Kanada, Australien, Neuseeland und vor allem nach Japan.

Die amerikanische Modeszene kannte ich – aus meiner Zusammenarbeit mit Aufkäufern für Damenmode. New York war eine der interessantesten Städte, in denen man arbeiten konnte. Wie aus England gewohnt, stellten wir eine Kollektion zusammen, im Mittelpunkt die neuen taillierten Jacketts. Wir präsentierten sie den verschiedenen Vorständen der Genesco-Gruppe. Rückenschlitze wurden mit Skepsis und Zurückhaltung betrachtet: "Du wirst niemals einen Amerikaner dazu bringen, sie zu tragen", hieß es. Zwanzig Jahre später versuchten wir, den Amerikanern die Rückenschlitze wieder auszureden, da sie für die neuen, gerade geschnittenen Jacketts nicht vorteilhaft waren! "Du wirst niemals einen Amerikaner dazu bringen, auf Rückenschlitze zu verzichten", hieß es. "Sie verdecken ihre dicken Hintern."

Offen gestanden, ich weiß nicht, wo das Jackett mit zwei Knöpfen herstammt, aber mir war sofort klar, daß diese Anordnung der Knöpfe die beste für das neue, taillierte Jackett (siehe Abbildung 18) darstellte. Entscheidend ist der Taillenknopf: Wir finden Mr. Wysers Meinung bestätigt. Der zweite, der untere Knopf konnte nicht geschlossen werden, denn das Jackett war vorn zurückgeschnitten: Brummell und Edward VII. können sich bestätigt fühlen. Der Handel liebte diese Jackettform mit dem tiefen V-Ausschnitt, der bis zur Taille reicht und Platz auch für kräftig gebaute Herren der Schöpfung bietet. Der Anzug der "Peacock Revolution" stellte lange Zeit unbekannte Herausforderungen an die Paßform– enganliegend, wie er war, mußte er der Körperform exakt entsprechen. Cardin bemühte sich darum in Paris, Tommy Nutter in 'Savile Row', wir für 'Hepworth'. Die Amerikaner folgten, und blieben dabei, auch als sie zwei Anzüge zum Preis von einem anbieten mußten, um im Geschäft zu bleiben.

Die Amerikaner konnten sich zunächst nur schwer mit der Idee anfreunden, die Namen der Designer, besonders bei etablierten Leuten, anzugeben. Der 'Daily News Record', das führende Fachblatt, ließ einen pfeiferauchenden Kolumnisten mit der Meinung zu Wort kommen, eine derartige Entwicklung sei moralisch bedenklich. Die Chefetagen der Modefirmen waren nicht einmal bereit, darüber nachzudenken. Der Firmenname 'Botany 500' reiche doch vollkommen. Aber der Lauf der Dinge hatte sich geändert, Mode benötigt Designer. Bei 'Genesco' war ich der erste. Fast zwanzig Jahre später verließ ich sie, man beschäftigte mittlerweile mehr Designer als nötig. Man hatte des Guten zuviel getan. Bühnenstars wie Mary Martin sollten dem Schlafzimmer neues Leben einhauchen. In Fernsehshows suchte man, einen Beau Brummell des 20. Jahrhunderts aufzubauen.

Aber es endete in einer Preisschlacht. Die Fabriken, gut geplant und erstaunlich effizient, produzierten Tausende von Anzügen. Dem Produkt fehlte vielleicht der letzte Schliff, aber man hatte gelernt, Jacken und Hosen jeder Größe wie am Fließband zu produzieren. Die englische Bekleidungsindustrie litt unter dem Einfluß der Gewerkschaften, schnelles Reagieren, je nach Trend, war nur bedingt möglich. Auch Flops leistete man sich. Dazu gehört der sogenannte "Nehru-Anzug", hochgeschlossen und natürlich indischen Ursprungs. Er stand nicht in der Tradition von Brummell und Edward VII. Er war schlicht ein 'Bastard', ein amerikanischer, kein europäischer Entwurf.

Der Markt stagnierte, da kamen die Italiener. In den 50er und 60er Jahren verbrachte ich meine Ferien oft in Italien. Venedig ist noch immer eine Stadt großer Eleganz. Daran gewöhnt, von Reisenden überschwemmt zu werden, pflegte die gute Gesellschaft der Stadt, sich Besuchern zu verschließen. Beste Empfehlungen konnten helfen. Aber die Strände standen allen offen. Es galt als besonders schick und stilvoll, sich am Strand von Lido sehen zu lassen, der für die 'Crème de la crème' reserviert war. Normalbürger überraschten einen immer wieder durch Schnitt, Verarbeitung, Schliff und Pep ihrer Kleidung. Man trug natürlich Freizeitkleidung. Aber die Qualität bei Material und Verarbeitung, die sich in den Anzügen so deutlich zeigte, fand Bewunderung. All dies wollte man mit italienischer Kleidung importieren.

Eine Dame aus Florenz führte mich bei meinem Besuch durch ihre Heimatstadt, wir sahen uns Modestudios und Läden an. Wunderschöne Wäsche, außergewöhnliche Schuhe, raffinierte Pullover und Blusen. Meine Bekannte hatte auch in England und Deutschland gelebt, aber, so sagte sie, die florentinischen Hausfrauen seien die kritischsten beim Einkauf.

Die Männer begannen allmählich, Anzüge aus leichten Stoffen zu verlangen, zunächst für den Sommer, aber auch für den Winter; zumindest in Ländern, in denen die Zentralheizung sich mehr und mehr durchsetzte.

Die englischen Hersteller, besonders die dem 'Multiple Tailoring' verpflichteten, beherrschten die Verarbeitung dünner Stoffe nicht. Das mangelnde Interesse, neue Herstellungsmethoden zu übernehmen, war nicht der einzige Grund des Niedergangs. Die großen Firmen verstanden es nicht, sich in ihren Materialeinkäufen und Planungen auf den 'Ready-to-wear'-Markt einzustellen. Sie glaubten noch immer, den gewohnten Methoden würde die Zukunft gehören. Stattdessen hätte man sich um einen allmählichen Übergang bemühen sollen. 'Multiple Tailoring', Beratung, einen Anzug nach eigenen Wünschen zu ordern, mit den Taschen plaziert wie gewohnt, ist selbstverständlich wünschenswert – heute wie gestern. Die Kleider "von der Stange" – das 'take-away food' der Kleidungsindustrie – nahm man nicht ernst.

Die Italiener nutzten diese Situation mit einem sicheren Gespür für den Markt. Sie machten ihre Maßschneider bekannt, Männer von großem handwerklichen Geschick, aber zweifelhaftem Geschmack; zweifelhaft, weil ihnen der wahre Sinn für Tradition fehlte. Ein italienischer Gentleman strebt noch immer danach, wie ein englischer auszusehen. Sofern ihm die schwere Wattierung, von dem die Schneider in 'Savile Row' so ungern lassen, mißfällt, begibt er sich in Rom auf die Suche nach einem Schneider, der ihm seine Version eines englischen Anzugs liefert. Ein italienischer Schnitt der Hose tut keinen Abbruch. Italiener verstanden sich immer auf 'bella figura': Sie verstehen sich auf Äußerlichkeiten. So waren und so sind sie. Genau so.

Rom wetteifert mit Florenz um Modenschauen, die internationale Einkäufer und – natürlich – die Presse anziehen. Die Briten verstehen sich nicht darauf. Eine Modenschau ist, ohne Zweifel, keine Veranstaltung feiner Art. Kleidung ist etwas Persönliches. Kleidung, die Aufsehen erregt und den Beifall der Presse findet, schockiert eher den Mann mit Geschmack. Und natürlich sind wir vor allem zu steif, um an einer Zurschaustellung Gefallen zu finden. Dem "Britischen Look" auf die Sprünge zu helfen, bedarf es besonderen Geschicks. Um einer Modenschau den Erfolg zu sichern, genügt es nicht, zwei "Beefeater" (Wächter im Tower von London) in ihren Kostümen voranzuschicken.

Noch aber ist nicht alles verloren. Einflußreiche Firmen wie 'Austin Reed', 'Aquascutum' und 'Jaeger' haben es immer verstanden, britische Kleidung angemessen zu präsentieren, und wurden dafür belohnt.

Mein Haus mit seinem Team aufgeweckter junger Männer hat sich immer bemüht, 'English Style' zu fördern. Die Japaner haben uns seit zwanzig Jahren großes Vertrauen entgegengebracht. Ebenso die Koreaner und Taiwanesen. Australien und Neuseeland halten zu uns, ebenso Kanada. Die Ausweitung des Marktes im Vereinigten Königreich ermutigt uns. Mit unseren amerikanischen Freunden stimmen wir darin überein, daß in den 70er Jahren die Franzosen dominierten und in den 80ern die Italiener. Aber beide sprechen nun von 'La Linea Inglese'.

Nicht versäumen möchte ich, dem großen italienischen Designer Giorgio Armani meinen Respekt zu zollen. Es war mir vergönnt, seine Kleider in einem seiner Londoner Läden zu prüfen und ihn auf einem Video bei der Arbeit zu beobachten. Ich war erleichtert, daß sich der Eindruck, den ich bereits aus Fotografien und Zeitschriftenartikeln gewonnen hatte, bestätigte, als ich die Kleidung in natura sah. Es ist meine feste Überzeugung, daß er einen wichtigen Beitrag zur Geschichte des Anzugs geleistet hat.

Er verzichtet auf die meisten Wattierungen und Polsterungen, derer sich die traditionelle Schneiderkunst bedient. Alle seine Anzüge – all seine Kleidung – gehören in den teureren "Ready-to-wear-Bereich". Aber, um ein Beispiel zu nennen, die Schultern haben etwas von Maßarbeit. Die Auswahl seiner Stoffe zeigt untadeligen Geschmack. Man legt Wert auf gute Stoffe, man liebt das Material, nicht die Dekoration. Mit dem Aussehen seiner Anzüge könnten sich Mr. Wyser und 'Savile Row' anfreunden. Die Plazierung der Knöpfe folgt besten Traditionen.

Mit einigen Experimenten wird man sich nicht anfreunden können – Schalkragen zum Beispiel. Aber die Idee, weicher und geschmeidiger zu machen, wo es ehemals fest und steif zuging, Gewicht einzusparen, auf Wattierung zu verzichten – um den Körper das Material fühlen zu lassen – bei gleichzeitigem Bewahren des Aussehens und der Würde, für die ein Anzug steht und die ich versucht habe zu beschreiben, ist erfreulich. (Wir, mein Design-Studio und ich, stimmen völlig mit ihm überein und sind erfreut, daß er Kunden überall auf der Welt gefunden hat.) Bei seiner Arbeit wird er von gut geführten Herstellern unterstützt. Sie sollten ihm danken.

Die bisherigen Ausführungen über den Anzug, dies gilt es zu betonen, beziehen sich auf den Einreiher. Der Vollständigkeit halber müssen wir uns auch mit dem Zweireiher beschäftigen. In den 30er Jahren verzog man die Augenbrauen, wenn jemand im zweireihigen 'Dinner Coat' (Smoking) erschien. Dies dürfen wir den Worten Edward VIII. entnehmen. Vom zweireihigen Anzug ('Lounge Suit') spricht er allerdings nicht. Aus eigener Erfahrung weiß ich, daß er in den 30er Jahre häufig getragen wurde, von Alexis ffrench zum Beispiel (siehe Umschlagbild). In

den späten 70er Jahren, wir waren noch für 'Hepworth'
tätig, sagten wir seine Rückkehr voraus. Wir lagen richtig.

Der zweireihige Anzug entstammt direkt dem zweireihigen Reitanzug oder, genauer gesagt, er nahm seinen
Weg über den 'Frock Coat' (Gehrock). Er steht den Uniformen näher als der Einreiher. Das hoch über der Brust
geschlossene Jackett wurde schnell durch ein niedrig ge-
schlossenes ersetzt. Das zweireihige Jackett aus den 80er
Jahren ist großzügiger geschnitten und weniger figurbetont
als das aus den 30er Jahren. Der Abstand zwischen den
nebeneinanderliegenden Frontknöpfen ist ebenfalls gerin-
ger, so daß man sich weniger beengt fühlt. Die Vorderfront
des Jacketts wirkt weniger wuchtig, wenn es aufbleibt. Das
größte Verbrechen, das ein Schneider begehen konnte, war
es, ein Jackett so zuzuschneiden, daß die Taille zu hoch
lag. Daher war es immer mein Ziel, die Knöpfe niedrig zu
setzen, wie Mr. Wyser es tat.

Zur Garderobe eines Mannes, darauf verweisen wir seit
langem, gehört nicht zuletzt ein doppelreihiger Blazer. Wir
sind damit schon im Bereich der Freizeitkleidung (casual),
der Blazer in Form einer Strickjacke (Cardigan) – dies findet man etwa bei Armani. Unsere Empfehlung: aufgesetzte
Taschen – die Hände steckt man besser dort hinein als in
die Hosentaschen. Der neue Blazer hat selbstverständlich
keine Schlitze.

Um die tiefere Taille zu unterstreichen, entfernten wir
die sogenannten "Zierknöpfe", die man nicht schließt – und
behielten nur zwei Knöpfe unterhalb der Taille, die man
nach Bedarf schließen konnte. Nun allerdings, nach meinen
Forschungen für dieses Buch, interessieren mich die Zierknöpfe, ich lehne sie nicht mehr ab. Sie sind hervorragende
Meilensteine der Geschichte, sie erinnern an eine frühere
Form des Knöpfens. Am deutlichsten zeigt dies der Frack.
Obwohl man ihn nie schließt und nicht einmal schließen
kann, da sein Schnitt es nicht zuläßt, sind zwei Reihen

von Frontknöpfen an den Seiten angebracht. Sie wurden benutzt, als der Großvater des Fracks, der Reitrock, über der Brust bis zum Hals geschlossen wurde. Die Zierknöpfe auf dem Zweireiher, in der Taille geschlossen, wie wir ihn heute tragen, sind ein Überbleibsel, das die Erinnerung an den höher geschlossenen Rock bewahrt. Und als ein Relikt respektiere ich sie.

Seltsam und beinahe rührend finde ich es, daß sich Schneider nie von der gewohnten Plazierung der Knöpfe trennen können. Die meisten betrachten es als notwendige Tradition; unverzichtbar für korrektes Aussehen. Die Taillenknöpfe am Rückenteil von Cutaway und Frack stammen natürlich noch aus der Zeit, als die Schöße zurückgeknöpft wurden, um bequemer reiten zu können. Manschettenknöpfe kommen von den echten Manschettenaufschlägen. Warum aber werden diese Knöpfe Manschettenknöpfe genannt, wenn Jacketts gar keine Manschetten haben? Manschetten waren wichtig und hatten groß zu sein, wollte man beim Reiten trocken bleiben. Es gab Knöpfe, um sie zu öffnen oder zu schließen (siehe Abbildung 9).

Die Italiener verkauften in den 80er Jahren viele Zweireiher, alle wunderschön gemacht. Ihre Fähigkeiten zeigten sich besonders an breiten Revers. Sie haben etwas mit den Knöpfen gespielt. Dies ist das Recht jedes Designers, wenn er sich dem Anzug widmet, hier muß er ansetzen. Der kühnste Versuch war, den Taillenknopf zu übergehen und einen Knopf gut zehn Zentimeter tiefer anzusetzen. Man betont eine tiefere Taillenlinie, und ein Zweireiher sieht sofort weniger steif aus, aber – und dies ist ein großes "Aber" – es ist alles andere als "gentlemanlike". Es sieht aus wie von der Stange. Ich kann mir nicht vorstellen, daß stilbewußte Italiener einen Knopf im Genitalbereich akzeptieren würden. Der Knopf muß irgendeine Beziehung zur natürlichen Taillenlinie haben, wie uns dies von Mr. Wyser gelehrt wurde. Wandel mit Tradition könnte das Motto sein.

V

DER ENGLISCHE ANZUG

"So englisch wie ein Beefsteak."
NATHANIEL HAWTHORNE

Mit meinen geschichtlichen Ausführungen über die Entwicklung des Anzugs hoffe ich, Sie nicht zu sehr gelangweilt zu haben. Aus der Reit- und Jagdkleidung entwickelte sich etwas Vornehmes für den Tag und für die formelle Abendgarderobe. Es wurde die Alltagskleidung der Aristokratie und, noch wichtiger, des aufsteigenden Bürgertums. Als der 'Morning Coat' und der 'Frock Coat' (Gehrock) verschwanden, wandelte es sich zu einem praktischen Gewand, für die Jagd, die Pirsch und das Herumspazieren. Dann entwickelten sich verschiedene Varianten für spezielle Anlässe, für Tennis und Bootsfahrten, und schließlich bedurfte es keines besonderen Anlasses mehr, um einen "Anzug" zu tragen. Der 'Lounge Suit', der klassische Anzug, wurde bis zum Ende des Jahrhunderts der Freizeitanzug des Landadels, sowohl des alteingesessenen als auch der neuen Möchtegern-Adligen. Er wurde für sie und von ihnen gemacht. Der Begriff 'lounge', den man dem Begriff 'suit' hinzufügte, wird üblicherweise nicht mehr benutzt, aber er steht bereit für einen korrekten Sprachgebrauch. Bei einer Einladung in den Buckingham-Palast, in eine der Botschaften oder zum Oberbürgermeister wird, wenn der Cutaway oder der Frack nicht gefordert wird, als Hinweis schlicht 'Lounge Suit' vermerkt.

Es zeichnet sich ein klares Muster ab. Es verschwindet jeweils das Kleidungsstück der, wenn man so will, höchsten

"Klasse": Kniehosen aus Satin und Gewänder aus Samt, oft bestickt, um bei Hof zu erscheinen. Sie werden im Alltag durch Gewänder und Westen aus Wolle ersetzt, bequem geschnitten zum Reiten, beeinflußt vom Sport. Bei Abendveranstaltungen begegnet uns nun dasselbe Gewand mit einem Satinrevers und einem Samtkragen. Der Reitanzug betritt den Salon und bleibt die angemessene Abendkleidung für ein Jahrhundert. Für den Tag wird er einfacher und begegnet uns als 'Morning Tail Coat' (Frack) und später als 'Frock Coat' (Gehrock). Dem Sport, der Jagd und dem Spazieren verdankt man eine kürzere Version. Mit dem Aufkommen des klassischen Anzugs ('Lounge Suit') wird der Frack verdrängt. Der Cutaway bleibt festlichen Ereignissen während des Tages vorbehalten, den Frack trägt man am Abend.

Der nun triumphierende klassische Anzug bewahrt sorgsam viele Elemente seiner Vorgänger. Das Revers entstammt entweder dem zweireihigen Reitanzug oder dem einreihigen Jagdanzug, ursprünglich bis zum Hals geschlossen. Gelegentlich benutzt man Knöpfe, die ihre Funktion verloren haben, aber noch andeuten, wozu sie gebraucht wurden. Der Einreiher ist vorne abgerundet (der Fachmann nennt es schwachen Abstich). Dieser Schnitt entstammt direkt der Reitjacke. Die Manschettenknöpfe blieben erhalten, nicht so die Manschetten.

Wir Briten können uns glücklich schätzen, Könige und Prinzen erlebt zu haben, die sich mit Kleidungsfragen beschäftigten, nicht um ihre persönliche Eitelkeit zu pflegen oder sich in der Rolle eines Verführers zu gefallen. Ihnen war die Bedeutung der Kleidung bewußt, um Gesetz und Ordnung zu bewahren. Ordnung stellte in ihrem Verständnis ein wichtiges Element der Institution Monarchie dar, es war die Voraussetzung für die unterschiedlichen sozialen Klassen und ihre Privilegien. Änderungen in der Kleidung verdanken sich dem Bestreben nach Bequemlichkeit, bilden letztlich aber die Voraussetzung, die Kleidung für die gewaltig anschwellenden neuen Mittelklassen "tragbar" zu machen. Sie alle achteten peinlich darauf, sich richtig zu kleiden. Edward VII. und Edward VIII. zeigten es ihnen.

Es gab keinen Franzosen, keinen Italiener und mit Sicherheit keinen Deutschen, dessen Kleidung oder dessen Ansichten über Kleidung das geringste Interesse fanden. Die Reichen ließen sich ihre Kleidung in London anfertigen, oder, falls zu Hause, versuchte man sie englisch aussehen zu lassen.

In den Jahren nach dem Ersten Weltkrieg setzte sich der klassische Anzug, der 'Lounge Suit', auf breiter Front durch. Man sah noch Frack und Zylinder in der 'City of London' bis zum letzten Krieg. Nach 1945 spricht man schlicht vom 'suit', 'lounge' war entbehrlich geworden. Große, ja riesige Firmen entstanden, um gewaltige Stückzahlen herstellen zu können. Die Amerikaner entwickelten die Kleidungsindustrie, dies ist für einen Amerikaner gleichzusetzen mit der "Anzüge fertigenden Industrie". Die Franzosen fügten dem ganzen Schick und Pep hinzu, die Italiener ebenso. Letztere beeindruckten die Welt besonders durch ihre Anzüge aus leichten Stoffen. Die Briten taten sich schwer mit Veränderungen. Instinktiv betrachteten sie den Anzug als ein Kleidungsstück voller Geschichte und Tradition, es fiel ihnen nicht ein, an Änderungen im Design und innovative Produktionsmethoden zu denken.

Einige Überlegungen zur weiteren Form des Anzugs bieten sich hier an. Was Änderungen anbetrifft, erweist sich der Anzug als sensibler Gesell. Alle Männer haben, zumeist unbewußt, eine Vorstellung von seinem Aussehen; Änderungen, die das als normal Angesehene verlassen, weisen sie zurück. Sie wollen den gewohnten Anzug. Zum Anzug gehört etwas von Pomp: Wenn man etwas mit Pomp zur Schau stellt, geschieht dies in ernster Absicht. Der Anzug

1 King Charles I. Seine Hinrichtung am 30. Januar 1649 kennzeichnet
das Ende des Gottesgnadentums in England. Ebenso war es das Ende
von Rock und Kniehosen.

2 King Charles II. Während der Zeit des Commonwealth hatte er im
Ausland gelebt; bei seiner Rückkehr in der Restauration 1660 wurde er
stürmisch empfangen. Er trägt einen Rock, der zusammen mit Weste
(in diesem Bild nicht erkennbar) und Kniehosen, alles aus demselben
Stoff gefertigt, den "Anzug" ergibt.

3 Ein 'Incroyable' um etwa 1800. Während des 18. Jahrhunderts
gewann die Anglomanie an Stärke. Ihr Einfluß wird auch in der
Kleidung dieses französischen Dandys sichtbar, die sich eindeutig auf
den englischen Reitrock zurückführen läßt.

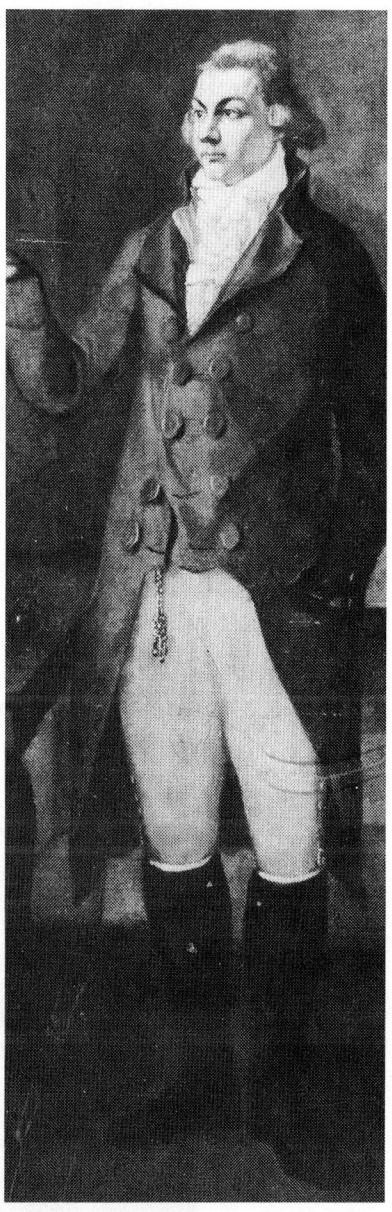

4 Goethes Titelheld, der junge Werther, für dessen Sorgen sich die ganze Welt interessierte. Seine Kleidung ist "englisch".

5 Auch Goethes Kleidung wird als "englisch" beschrieben.

6 Portrait von John Allnutt, gemalt von Sir Thomas Lawrence (1799).
Deutlich zu erkennen ist der Reitrock, dieser Rock des 17. und 18.
Jahrhunderts war vorne "abgeschnitten", um bequem reiten zu können.

7 Portrait von Sir Edmund Antrobus, gemalt von Sir Thomas Lawrence
(1800). Der Reitrock betritt die Geschäftsräume und häufig den Salon.

8 Beau Brummell.

9 Portrait von Frederick North, der spätere 5. Earl von Guildford, in
Rom, gemalt von Hugh Douglas Hamilton.

10 'Frock Coat' (Gehrock).

11 'Tweedside Coat' mit 'Ghillie-Kragen'.　12 Zweireihiger "Anzug" mit 'Ghillie-Kragen'.

13 Der 'Prince of Wales' (der spätere King Edward VIII.) in einem
'Deeside' oder 'Tweedside' Anzug. Der 'Ghillie-Kragen' ist hier
umgelegt und formt ein fallendes Revers. Deutlich zu sehen ist das
Knopfloch im Revers, ein Überbleibsel des Knopflochs am Halsstück
des 'Ghillie-Kragens'. Hierbei handelt es sich um die ersten Ansätze
der heutigen Anzugjacke.

14 Modebild aus dem Jahr 1906. Es zeigt Mr. Winston Churchill in
einem klassischen Anzug ('Lounge Suit') mit drei Schließknöpfen.
Hemd und Kragen des 'Morning Coat' und des 'Frock Coat' (Gehrock)
wurden beibehalten (allerdings könnte dies auch ein Einfall des
Zeichners sein). Der Anzug ist großzügig geschnitten und zeigt den
'Savile Row Drape'.

Authentic S.B. style for this season, tailored-to-measure by Montague Burton craftsmen . . . beautiful new patterns and rich new colours. Appeals to men, more especially young men, who seek style combined with good taste . . . note the grace of the line, and the perfect balance of the whole suit

4 GUINEA VALUE
SUIT
TO MEASURE FOR 45/-

Page 2

15 Ein Anzug aus dem Jahr 1945, gefertigt im 'Multiple Tailoring' Verfahren. Die Dreiknopffront ist korrekt, aber auf dem einreihigen Jackett befindet sich ein steigendes Revers – ein Vergehen wider die Schneiderkunst. Die Hosen wurden von den berühmten 'Oxford Bags' der 20er Jahre beeinflußt.

16 Tommy Nutter in einem seiner Anzüge aus den 60er Jahren. Er
wagte es, Jacketts mit weiten Schultern und Revers zu schneidern. Die
Plazierung der Knöpfe ist korrekt: Er zeigt Zierknöpfe – zwei über der
Taille, die einst geschlossen wurden.

17 Ein Anzug, den der Autor 1964 für 'Hepworth' entwarf. Amies
irrte, es wurden weniger Knöpfe (siehe Abbildung 18).

18 Der allgegenwärtige Einreiher mit zwei Knöpfen kam in den frühen
70er Jahren auf. Auf dem amerikanischen Konfektionsmarkt war er mit
weitem V-Ausschnitt, der vielen Formen entgegenkommt, besonders
populär. Die Photographie des Autors stammt aus dem Jahr 1981. Das
Jackett ist bereits weniger tailliert. Jacketts in diesem Stil werden
immer noch in der ganzen Welt verkauft; der Handel nennt sie
"klassisch", aber natürlich sind sie schlicht 'out of date'.

19 Dieser Anzug von Amies wurde 1985 eingeführt. Die Schultern
sind weniger weit geschnitten, ohne Knopfloch, o weh! Viele
Gentlemen konnten sich nie von den Dreiknopf-Einreihern trennen
(beachten Sie, daß nur der mittlere Knopf geschlossen wird).

20 Modernes Jackett mit 'Ghillie-Kragen'. Ideal zum Sport, da es ohne Krawatte getragen werden kann.

21 Wenn auch weiterhin auf elegante Kleidung Wert gelegt werden sollte, ist es vermutlich der Anzug mit fünf Knöpfen, der sich als Standard-Garderobe im Jahr 2000 durchsetzen wird. Der Schnitt der Anzugjacke läßt genügend Spielraum für den 'drape'; nichts ist eng. Der Hemdkragen muß dem Anzug folgen und wird merklich weiter. Durch die hochgeschlossene Anzugjacke entsteht ein schmalerer V-Ausschnitt; wir empfehlen eine ungefütterte Krawatte aus derselben Popeline, aus der das Hemd ist.

22 Der 'Ghillie-Kragen' ist dort, wo der Einreiher begann. Hier sieht
man ihn an einem Smoking. Um ihm ein zwangloses Aussehen zu
verleihen, ersetzen wir die enge schwarze Satinschleife durch eine aus
sehr viel weicherem Satin, ungefüttert und lockerer gebunden.

ist nützlich, um eine Botschaft zu vermitteln. Wenn man einen Anzug trägt, weist man auf die Welt hin, der man sich zugehörig fühlt. Warum? Weil man ein Kleidungsstück trägt, für den Herrn gemacht, das sich in einer langen historischen Entwicklung seit 1670 formte; behutsam wurde es geändert, um dem Wandel von der aristokratischen zur demokratischen Herrschaft zu entsprechen. Dieses Kleidungsstück ermöglicht es dem Mann, seinen Körper frei zu bewegen, auch wenn er sich anderweitig, durch Fehlen von ausreichendem Geld und Status, eingeschränkt fühlt. Man gehört dazu, so meine Feststellung. Aber wozu? Die Antwort: zur europäischen Zivilisation. Über zwanzig Jahre lang habe ich mit Japanern zusammengearbeitet. Ich weiß um ihre Bemühungen, ihre Religion zu bewahren, die entsprechenden Gewänder und Zeremonien eingeschlossen. Sie wollen gleichzeitig an der europäischen Zivilisation partizipieren, und sie haben einen Weg gefunden, dies zu tun, ohne ihre Traditionen aufzugeben. Die Männer wollen Anzüge tragen und alles über Anzüge wissen.

Die europäische Zivilisation läßt sich auf die Römer zurückführen. Wir wissen, wieviel die Römer den Griechen verdanken. Selbstverständlich hat die Welt andere Hochkulturen erlebt, etwa in China und Ägypten. Aber unsere kulturellen Traditionen gehen auf die Römer zurück. Einiges verlor sich im dunklen Mittelalter, aber vieles überlebte, besonders in Italien und Frankreich, und blühte in der Renaissance erneut auf.

Zivilisation bedeutet die Achtung vor Gesetz und Ordnung, Wertschätzung von Erfindungen und Schönheit, das Suchen nach Liebe und Freundschaft. Zivilisation folgt der Familientradition des Erstgeburtsrechts und der Loyalität gegenüber einem Herrscher, sei es ein König, eine Königin oder ein Präsident.

Die Römer sahen es als höchst erstrebenswert an, in einer Villa, mit Bädern und Garten, zu leben. In dieser Tra-

dition stehen das englische 'country house' als wahrscheinlich würdigstes Erbe, gefolgt vom – es wird bescheidener
– 'country cottage' und 'second home' (Ferienhaus).

In den Schulen sollte Latein gelehrt werden – auf intel-
ligente und interessante Weise. Wir sollten das Erbe unserer
Vorfahren in Ehren halten.

In der gesamten englischsprachigen Welt trägt man
Anzüge, ferner in ganz Europa. Natürlich tragen die Amerikaner sie: Ihre Vorfahren saßen 1776 zu Philadelphia in
englischen Anzügen beisammen, wahrscheinlich aus Bo-
ston, und entschieden sich für die Unabhängigkeit. Heute
kleidet sich ein amerikanischer Gentleman wie ein englischer. Farbige Amerikaner tragen Anzüge. Sie lassen bei
der Auswahl ihrer Hemden und Krawatten ein kritisches
Auge walten. Ihre Hüte tragen sie, über den Augenbrauen,
wie Gardeoffiziere, mit einer Mischung aus Amüsement
und Arroganz. Über die Zukunft des Anzugs äußerte sich
ein amerikanischer Fachverband (The International Association of Menswear Designers of USA) vor einiger Zeit
wie folgt: "Die 70er Jahre standen unter dem Einfluß der
Franzosen, die 80er unter dem der Italiener und die 90er
werden den Briten gehören."

Politiker versammeln sich an seltsamen Orten wie Hel-
sinki und halten Konferenzen und lassen ihre Statements
verlauten. Sie alle tragen Anzüge. Betrachtet man die Details, Kragen, Knöpfe und den Schnitt, so kommt man nicht
umhin festzustellen, daß alles etwas von gestern ist, aber
dies hebt die Würde des Ereignisses. Der normale Mann
– Bankangestellte, Werbemanager, Computerfachmann –
trägt Anzüge seltener als seine Vorfahren. Allgemein verbreitet ist der Wunsch nach mehr Farbe, mehr Komfort,
mehr Vergnügen. Im Kleiderschrank eines Mannes befindet
sich heute mehr Freizeitkleidung (Casual Wear) als jemals
zuvor. Aber hierdurch wird die Machtstellung des Anzugs

nur ins rechte Licht gerückt. Er steht konkurrenzlos an der Spitze der Prestigeskala.

Etwas beunruhigen kann uns lediglich ein Element. Die Geschichte des Anzugs seit 1670 habe ich vor Ihnen entfaltet, ein Muster zeigt sich deutlich: Im historischen Wandel verschwindet jeweils das "großartigste" Kleidungsstück, das Kleidungsstück, das oben auf der Prestigeskala angesiedelt ist, es wird durch das nächstniedrige ersetzt. Die höfische Kleidung des 18. Jahrhunderts, mit Samtröcken und seidenen Kniehosen, wird verdrängt durch eine schlichte geeignete Form des Reitanzugs – in Wolle und dunklen Farben: Der Gentleman trägt einen 'Morning Coat' mit Schößen am Tage und einen entsprechenden Frack am Abend, er wird ersetzt durch den Smoking. Am Tage verschwinden der 'Morning Coat' und sein Verwandter, der 'Frock Coat' (Gehrock), zugunsten des klassischen Anzugs – ein damals als "Casual Wear" angesehenes Kleidungsstück, er wird nun zur universellen Kleidung.

Der Cutaway bleibt erhalten für Hochzeiten und gesellschaftliche Ereignisse, wie in England zahlreiche Pferderennen, oder im diplomatischen Korps überall auf der Welt. Aber immer weniger Gentlemen besitzen solche Anzüge, sie pflegen sie eher zu leihen, als sie schneidern zu lassen.

Bei Einladungen in den Buckingham-Palast findet man heute die Mitteilung: 'morning or lounge suit'. Bei Banketts in der 'City of London' wird überall erwartet, daß die Gäste eine weiße Krawatte zum Frack anlegen. Eine unserer herzoglichen Familien, der man Geschick und Eleganz nachsagt, gab vor einigen Jahren einen privaten Ball für über tausend Gäste. Auf der Einladungskarte wurde eine weiße oder schwarze Krawatte erbeten, aber die bei weitem überwiegende Zahl der Gäste zog eine weiße Krawatte zum Frack vor. Dies sind eher seltene Gesten, die geschwächte Tradition zu stärken. Dem 'Duke of Edingburgh' wird nachgesagt, die Königin (seine Frau) überredet zu haben, das Tragen von Orden und Auszeichnungen auch auf dem Smoking zu billigen. Damit setzt er eine Tradition des Hauses Windsor fort, die mit dem Verzicht auf die Kniehosen begann.

All diese Beispiele und Episoden berühren kaum das Leben der meisten Menschen. Für sie ist der Anzug das traditionsreichste Kleidungsstück der Garderobe – und sie haben recht damit. Ein dunkelblauer zwei- oder einreihiger Anzug, getragen mit einer schwarzen Fliege, kann man als Smoking akzeptieren. Ich pflege dies auf meinen Reisen so zu halten.

Nun, dies alles mag sich danach anhören, daß auch die Tage des Anzugs gezählt seien. Ich glaube nicht daran, zumindest heute nicht. Den Statuswandel verschiedener Kleidungsstücke habe ich versucht zu skizzieren, sie lassen sich auf Veränderungen in der sozialen Schichtung zurückführen. Wie Norah Waugh ausführt, waren 'Morning Coat' und der 'Frock Coat' (Gehrock) die "Uniform" der viktorianischen Mittelschichten. Demokratie und Arbeiterbewegung haben sie durch den klassischen dunklen Anzug ersetzt. Und selbst die hohen Tiere der kommunistischen Länder, dies berichteten Besucher übereinstimmend, kleideten sich nicht anders. England, Frankreich, Deutschland, Italien, Spanien und natürlich die USA sind völlig von den Mittelschichten geprägt. Der Kommunismus, dessen Terror viele Jahrzehnte dieses Jahrhunderts prägte, bedroht uns nicht länger. Die Mehrheit der russischen Bevölkerung "schreit" nach den uns gewohnten Nahrungsmitteln, in denen sich das Leben der Mittelschichten spiegelt, und ich bin sicher, sie werden nach der Kleidung der Mittelschicht verlangen. Den Fernen Osten habe ich erwähnt (Hat Eric Gill, der berühmte Bildhauer und Philosoph, den ich am Beginn des Kapitels 4 zitiere, nicht recht bekommen?). Der Anzug symbolisiert schließlich die Kleidung der sogenannten zivilisierten Welt. Eric Gill beklagte 1930, daß die

Monarchie sich kleide wie ein Bankangestellter. Nun, unser rühriger, warmherziger, kunstliebender heutiger 'Prince of Wales' trägt einen Zweireiher in gedeckten Farben von 'Anderson & Shepherd' aus 'Savile Row'.

Wie steht es nun um den ärgsten Feind der Tradition, den Freizeitanzug? Eine gewisse Bedrohung, mehr kaum. Denn, das versucht mein Buch zu belegen, der Anzug ist vom Rang mit der Robe eines Richter zu vergleichen. Die englische Justiz hält noch immer die Perücken aus dem 17. Jahrhundert in Ehren, mit ihren Roben bewahren sie den Schnitt und die Knöpfe, wie sie ein Gentleman derselben Zeit zu tragen pflegte. Mit dieser Ahnenreihe verfügen Sie über das Prestige von zwei Jahrhunderten. Durch jede zu starke Änderung zerstört man Macht und Prestigewert des Anzugs. Wenn man dem Einreiher seine abgerundete Frontpartie (Abstich) nimmt, so nimmt man ihm seine Herkunft, schwächt sein Prestigepotential und läßt ihn im Meer der Freizeitkleidung versinken.

Die Straßen Londons, New Yorks und Tokios sind überlaufen von Leuten, die sogenannte Freizeitkleidung gewählt haben: Jeans, Anoraks, Pullover, Schuhe aus Gummi und weißem Segeltuch. Sie sehen glücklich aus, sie sind im Urlaub. Sie hinterlassen einen sorglosen Eindruck: Es kümmert sie nicht, daß sie der Welt den Eindruck vermitteln, ziellos zu sein, ohne Freunde außerhalb ihrer unmittelbaren Umgebung; sie sind Nobodys und glücklich, genau dies zu sein. Nichts liegt ihnen ferner, als mit einem Anzug belästigt zu werden und die mit ihm verbundene Verantwortung zu tragen. Aber wenn sie nach Hause zurückkehren und ihre Rolle in der Gesellschaft wieder übernehmen, die sie nach Jahren erreicht haben, verwandeln sie sich zurück: Sie tragen einen Anzug.

Nun, ich hoffe, ich habe ausreichend dargelegt, wie sehr ich die Herkunft des Anzugs bewundere. Diese Charakteristik, die sich in keinem anderen Kleidungsstück spiegelt,

Zubehör wie Hemd und Krawatte ausgenommen, gilt es zu respektieren. Vernachlässigt oder mißbraucht hört dieses Kleidungsstück auf, ein Anzug zu sein, und man schwächt seine Stellung. Erwähnt habe ich bereits, daß ich Designs empfehle, die auch ein Maßschneider empfehlen würde. Wir dürfen nicht vergessen, daß die Industrie weltweit zwar Anzüge maschinell fertigt, diese aber – in einer perfekten Welt – auf die Maße des Konsumenten zugeschnitten und von Hand genäht sein sollten.

Die italienische Fähigkeit, Anzüge herzustellen, bewundere, ja beneide ich. Doch ihr Design bemüht sich selten um Traditionspflege. Man vermarktet Konfektionskleidung und bewahrt wenig von der Maßschneiderei. Den außerordentlichen Fähigkeiten von Armani habe ich immer meinen Respekt erwiesen. Er bemüht sich, Tragekomfort mit Stil zu verbinden. Er zeigt damit, wie groß der Einfluß des Sports ist. Auch seine besonders lässigen Freizeitanzüge zeigen Geschmack.

In meinem Atelier in 'Savile Row' bemühen wir uns um Anzüge einer leichten Art, wie wir sie uns vorher nie vorzustellen wagten (siehe Abbildung 19). Wir sind glücklich, mit Herstellern im In- und Ausland zusammenarbeiten zu können, die über die entsprechende Ausstattung verfügen, um diesem Anspruch gerecht zu werden. Wir wollten und wir erreichten eine Schulterlinie so weit wie möglich, erlangt durch unauffällige Polsterung. Von einer solchen Schulter fällt der Stoff mühelos in einen 'drape', im Rückenteil über die Schulterblätter und im Vorderteil über die Brust. Wichtig bleibt, durch klares Definieren der Taillenlinie, ein "sackartiges" Aussehen zu vermeiden – eine schmale Taille ist das Kennzeichen des Athleten und, etwas allgemeiner, eines sportlichen Mannes. Erreicht wird dies durch Plazieren eines Knopfes auf der Taillenlinie, der hervorhebt, was durch den Schnitt bereits leicht angedeutet wurde. Gute Entwürfe und sorgfältige Herstellung von Kleidung zeigen Respekt vor Stoffen; sie "stören" den Stoff so wenig wie möglich. (Die vielen Ausnahmen sind nicht zu übersehen – so im Viktorianischen Zeitalter, als die Frauen enggeschnürte Oberteile trugen. Ihre Röcke waren dafür allerdings umso weiter.) Ein derartig verarbeiteter Stoff verleiht Gelassenheit und erfreut das Auge des Betrachters. Vor allem sollte sich der Stoff eines Anzugs so glatt wie möglich legen. Beim Aufstehen und Gehen verbleibt der Stoff eines guten Anzugs in seiner natürlichen Form. Selbstverständlich heißt dies nicht, daß er formlos ist; durch die geschickte Formgebung der Seitennähte sollte vielmehr die Wirkung des Taillenknopfes unterstrichen werden.

Diese Erfordernisse gerieten während der 70er Jahre weitgehend in Vergessenheit. In den Jahren der "Peacock Revolution" begnügte man sich mit einem figurbetonten Schnitt. Geht man die 5th Avenue entlang, sieht man zahlreiche Herren, deren Anzüge am Rücken horizontale Falten zeigen – ein untrüglicher Hinweis, daß sie zu eng sind. Die weiten Schultern amerikanischer Sportler, die Weite der Anoraks und Trainingsanzüge haben unsere Augen an Freizügigkeit und Sport gewöhnt. Männer suchen die Autorität des Anzugs. Aber sie mögen sich nur ungern in ihrer Freizügigkeit einschränken lassen. Die heutigen Designer bevorzugen breitere Schultern, einen weiteren Schnitt und natürlich viel leichtere Stoffe als in den 30er Jahren. Man bemüht sich um ein "Design" nach Schneider Art.

Die Historie des Anzugs schließt die Geschichte seiner Knöpfe, ihres Funktionsverlusts und das Überleben des Knopfes ohne sein Knopfloch ein (die Knopfreihen am Frack sind ein interessantes Beispiel). Wenn die Italiener den Taillenknopf und die Taillenlinie nicht genug berücksichtigen, so kann man ihnen dies nicht allzu übel nehmen, besonders in bezug auf den Zweireiher. Ein einreihiger Anzug mit einem zu tief angesetzten "Taillenknopf" bietet ein

trauriges Bild, ihm fehlt jegliche Kontur. Eine zu tiefe Plazierung der Knöpfe kann zu ernsthaften Problemen führen,
da die Beine kürzer erscheinen. Diese Gefahr muß man
sehen, wenn man Anzüge für den Fernen Osten entwirft.
Während ich diese Zeilen niederschreibe, befinde ich mich
gerade in Taipei, nachdem ich Japan und Korea besucht
habe. Jeder der Millionen Anzüge hat zwei Knöpfe, einen
an der Taillenlinie und einen unterhalb. Dieser bleibt offen,
da er sich auf den abgerundeten Frontpartien befindet, auf
Rundungen, die er dem Reitanzug verdankt.

Erfahrene Designer wissen, daß man Veränderungen
bis zu einem bestimmten Punkt vornehmen kann; dann beginnt man von vorne. Dabei darf das folgende nie übersehen
werden: Man beschäftigt sich mit einem Kleidungsstück,
dessen Lebenskraft der Geschichte entspringt. Die Knöpfe
allzu sehr nach unten zu setzen verbietet sich, aber könnte
man nicht etwas nach oben gehen? Wenn man so verfährt,
gelangt man zum Anzug mit drei Knöpfen. Und damit,
liebe Freunde, sind wir beim klassischen einreihigen Anzug eines englischen Gentleman. Nicht wenige Gentlemen
haben ihm immer die Treue gehalten. Dieser Anzug hat
einfach Stil. Der obere Knopf bleibt offen, er ergänzt damit
auf harmonische Weise den unteren – diesen können Sie
nicht schließen, wie wir oben gesehen haben.

Die wahre Kunst, sich zu kleiden, besteht darin, die
Grenzen zu kennen: Wenn Sie einige Knöpfe an Ihrem Anzug nicht schließen wollen (die Knöpfe Ihrer Hose sind
eine ganz andere Sache), müssen Sie um die Gratwande-
rung zwischen Nonchalance und Nachlässigkeit wissen.
Ist der mittlere Knopf geschlossen, so erscheint Ihr Körper
wohlproportioniert – Sie verleihen ihm und Ihren Beinen
die maximale Länge. Firmen im Fernen Osten, die Anzüge
herstellen, sind immer besorgt, daß neue "Kollektionen" ihren kleineren Körperbau nicht berücksichtigen. Persönlich
finde ich Japaner, Koreaner und Chinesen wohl propor-

tioniert – auch wenn sie kleiner als Europäer sind. Der Taillenknopf (es ist überflüssig zu sagen, daß er sorgsam plaziert sein muß) wird ihnen in jeder Hinsicht hilfreich sein. Was hier für den Einreiher gesagt wurde, gilt selbstverständlich auch für den Zweireiher. Wird der Knopf, den man schließt, zu tief angesetzt, so erscheinen die Beine zwangsläufig zu kurz. Lassen Sie uns das Wesentliche noch einmal festhalten. Männer tragen Anzüge, denn Anzüge sind die Kleidung des Gentleman überall auf der Welt. Der wahre Gentleman läßt seinen Anzug von einem Schneider anfertigen. Da wenige sich dies leisten können, erfolgt die Herstellung industriell. Ein Umstand, der nicht übermäßig sichtbar werden muß. Ist der Anzug nicht sorgsam entworfen, die Knöpfe schlecht plaziert, offenbart man unnötigerweise, daß er nicht von Schneiderhand stammt – keineswegs eine zwangsläufige Folge maschineller Herstellung.

VI

NOTWENDIGES ZUBEHÖR

"To furnish: mit notwendigen, nützlichen
oder reizvollen Dingen ausstatten oder
versorgen."

OXFORD ENGLISH DICTIONARY

Zunächst, ich liebe ganz einfach den amerikanischen Ausdruck 'Furnishing'. Andere sind mir zu steif oder zu vage.
Die Amerikaner pflegen diesen Begriff immer zu benutzen, wenn sie von den Dingen sprechen, die zum Anzug
gehören. Die Wahl des Zubehörs kann die Ausstrahlung eines
Anzugs schwächen oder unterstreichen. Ein Hemd oder
eine Krawatte, mit Bedacht ausgewählt, ist ein unverzicht-
bares Zubehör, um den Raum, der sich zwischen dem Revers an der Halspartie zeigt, zu füllen. Mehr noch, in der
warmen Jahreszeit trägt man in Europa, im Fernen Osten
gilt dies für die meiste Zeit des Jahres, nur einen Teil des
Anzugs, nämlich die Hosen. Man bevorzugt dunkle, ganz
als seien sie Teil des Anzugs – was meist auch zutrifft –,
statt Hosen im Freizeitlook. Hemd und Krawatte werden
mit Bedacht ausgewählt, ganz so, als würden sie mit einem Anzug getragen; einem Anzug, dessen Jackett man zu
Hause oder im Büro zurückgelassen hat. Auf diese Weise
bewahrt man die Würde und Autorität des Anzug, ohne
Nachteile hinnehmen zu müssen.

Für die Australier ist das Hemd ein wichtiger Bestandteil des Geschäftsanzugs. Man sieht sie am Hafen 'Circular

Quay' in Scharen von den Fähren aus 'Vaucluse' und 'Balmain' strömen, mit braunen Beinen und weißen kurzärmeligen Hemden aus knitterfreiem Stoff. Dazu tragen sie eine dunkle, schmale Krawatte als Zeichen ihrer Treue zum Anzug. Ein Jackett sieht man selten bei einem solchen Outfit. Zweifellos kann korrektes Zubehör genügen, die Bedeutung des Anzugs zum Ausdruck zu bringen. Damit wird nichts vergeben.

Man kann über die angenehmen und unangenehmen Seiten, einen Anzug zu tragen, kaum sprechen, ohne auf den zeitgemäßen Wunsch nach leichter Kleidung einzugehen: Leichtere Stoffe, leichtere Fütterung und Wattierung. In gemäßigten Klimazonen kann man sich damit glücklich schätzen. Die Taschen eines Anzugs helfen auf wunderbare Weise, die Brieftasche (für Geldscheine und Kreditkarte), Taschentuch und Füllfederhalter mit sich zu führen. Kleingeld und Schlüssel verschwinden in den Hosentaschen. Der Mann braucht keine Handtasche. Der Mann, von dem ich hier spreche, hat selbstverständlich schon vor Jahren das Rauchen aufgegeben. Man könnte denken, daß bei höheren Temperaturen ein Anzug aus Baumwolle oder Leinen der traditionellen Wolle vorzuziehen sei, aber alle Erfahrungen zeigen, daß diese Stoffe höllisch knittern. Es empfiehlt sich noch immer, leichtgewichtige feingewobene Wolle zu wählen: teuer in der Herstellung und aufwendig zu einem Anzug zu verarbeiten. Bei großer Hitze verzichtet man also ganz auf das Jackett oder trägt es über der Schulter, bis man sich an der Klimaanlage des Büros erfreuen kann. Kehren wir nun zum Zubehör zurück.

Mir ist vollkommen bewußt, daß ich den einen oder anderen mit den folgenden Ausführungen verärgern werde. Ich insistiere auf einer korrekten, den Traditionen entsprechenden Auswahl der den Anzug ergänzenden Dinge. Man mag mich für einen Snob halten, der 'out of date' ist. Mir bleibt nur zu antworten, daß ein Anzug nun einmal einen Gentleman ausmacht. Wenn Sie einer sind, werden Sie instinktiv, zumeist unbewußt, den vorhandenen Pfaden folgen. Wenn Sie es nicht sind, wollen Sie sich vielleicht helfen lassen. Ich darf Sie daran erinnern: Ich selbst wurde nicht als Gentleman geboren. Aber ich wuchs heran und beobachtete aufs Genaueste, was einen wahren Gentleman auszeichnet und was er trägt, mit der Neugierde im Hinterkopf, worauf all dies zurückzuführen sei. Was ich erlernt habe, versuche ich weiterzugeben.

HOSEN

"Ich werde alt ... ich werde alt ... . Ich sollte mir die Hosenbeine hochkrempeln."
T. S. ELIOT

"Man sollte nie seine besten Hosen anziehen, wenn man in den Kampf für Freiheit und Wahrheit zieht."
HENRIK IBSEN

Mit dem Anzug haben die Hosen Erwähnung gefunden, aber sie führen heute ein Eigenleben, und wir müssen sie als eigenständiges Kleidungsstück betrachten. Sie sind nun einmal wichtig im Kleiderschrank eines modernen Zeitgenossen. Durch Jahrhunderte sind wir der Beinkleidung gefolgt: von den unten offenen Kniehosen am Ende des 17. Jahrhunderts; über die Kniehosen des 18. Jahrhunderts, an dessen Ende die Reithosen äußerst populär waren; und dem Beginn des 19. Jahrhunderts, mit dem Hosen im Alltagsleben Einzug halten. Der Anzug, als 'Morning Coat' oder 'Frock Coat' (Gehrock), konnte sich als das Kleidungsstück der zur Macht kommenden Mittelklasse durchsetzen. Mit diesem neuen Kleidungsstück verschwinden die Kniehosen, die Beine werden von den Hosen verdeckt:

Eng zunächst, im Aussehen wie Kniehosen mit den entsprechenden Strümpfen.

Die ersten kurzen Anzüge, "Deeside-Jagdanzüge", wurden oft mit Knickerbocker, Kniehosen, die dem Schnitt früherer Pumphosen folgten, getragen. Als sich der kurze Anzug in Form des 'Lounge Suit' am Ende des Jahrhunderts durchsetzte, schneiderte man immer noch eng anliegende Hosen, die über den Stiefeln schräg abgeschnitten wurden. Hosenaufschläge kamen auf, besonders bei Tweedanzügen. Diese Mode hatte die unangenehme Eigenschaft, etwas Matsch aufzunehmen, wenn man über seine Besitzungen schlenderte.

Mr. Winston Churchill (Abbildung 14) zeigt sich uns 1907 in einem Anzug mit ziemlich engen Hosen. Der damalige 'Prince of Wales' (der spätere Edward VIII.) kam 1912 nach Oxford. Er berichtet, daß man in Oxford weite flatternde Hosen als Teil sportlicher Anzüge trug. Sie wurden, so bemerkt er, weiter und weiter. Sie legten den Grundstein für eine Mode der zwanziger Jahre, die weiten 'Oxford Bags'. Er läßt uns ferner wissen, daß er begann, Gürtel statt Hosenträger zu benutzen. Seine Ausführungen sind es wie immer wert, zitiert zu werden: "Ich hatte nie Hosen von Hofschneider Scholte. Mir gefiel der Schnitt seiner Hosen nicht. Sie mußten, wie englische Hosen üblicherweise, mit Hosenträgern versehen werden, um sie hoch über der Taille zu tragen. So zog ich es vor, im amerikanischen Stil, die Hosen mit Gürtel zu tragen. Dazu mußte ich mich immer an einen anderen Schneider wenden." Der Gürtel führte dazu, daß die Schneider einen Bund anbringen mußten. Mit "Falten" an der Taillenlinie, die Bundfaltenhosen waren geboren. Sie haben sich bis heute erhalten, bzw. werden immer wieder als Neuheit präsentiert.

Große Mode waren in den zwanziger Jahren selbstverständlich die 'Oxford Bags'. Als Symbol der Freiheit wurden sie von Studenten in Oxford nach dem Ersten Weltkrieg eingeführt. Sie entfalteten ihren Einfluß sofort und überall. In unserer Schule (1926) zeigten sich die Jungs der wohlhabendsten Familien in hell-lavendelfarbenen Flanellhosen mit Aufschlägen, die mit einer Weite von 66 cm glänzten. Die Hosen der normalen Anzüge waren bis Ende der dreißiger Jahre (siehe Abbildung 15) recht weit geschnitten.

Jedermann kennt Jeans; sie zu beschreiben wäre Zeitverschwendung. Man hält sie für modisch und respektiert sie, nachdem sich die Garderobe des Herren für Sport- und Arbeitskleidung geöffnet hatte. Was Großbritannien anbetrifft, so paßt der enge Schnitt, der die Beine betonte, zu dem 'Edwardian Look' der modernen Dandys und der bescheideneren "Teddy Boys". Der Schnitt folgte selbstverständlich dem aller Hosen, die mit Gürtel knapp über den Hüftknochen getragen wurden. Wenn sich die Mode im Extremen gefällt, wie im Absinken der Taillenlinie bis knapp über die Hüften, wie man es bei Jeans antrifft, so muß man nur etwas warten, bis sich die Dinge wieder normalisieren. Auch wenn es manchmal etwas länger währt, bei uns Männern etwa 20 Jahre. Ich bin mir auch nicht sicher, ob es bei Frauen viel schneller vonstatten geht.

Vom Höhepunkt der Popularität in den siebziger Jahren hat sich die Taillienlinie bei den Jeans und damit bei allen Hosen allmählich an den Platz zurückentwickelt, den die Natur vorgesehen hat. Hierbei handelt es sich um die Vertiefung zwischen Hüftknochen und Rippen, dies sollte die schmalste Stelle des menschlichen Rumpfes sein.

Wenn man sich etwas näher mit den heute üblichen Hosen beschäftigt, so muß man sie, wie erwähnt, als eigenständiges Kleidungsstück betrachten. Im Bereich "Sportswear", also der sportlich geschnittenen Freizeitkleidung, sind sie unverzichtbar. Der Schnitt ist hier weiter, man folgt dem Trainingsanzug. Die Silhouette folgt nicht mehr einer Anzugshose, im Gegenteil, man sieht, daß es sich um einen Schnitt handelt, der nur auf die Hose bezogen ist. Die Jugend, stolz auf ihre engen Taillen, hat die Taillenlinie so weit wie möglich nach unten verlegt. Der gestärkte Hosenbund ist verschwunden, man begnügt sich mit den Bundfalten. Die Hosen haben sich zu einem eigenen Kleidungsstück entwickelt, sie bedürfen des Sakkos nicht mehr.

Die Anzughosen blieben davon nicht unbeeinflußt: Der Bund überlebte, mit weicheren Stoffen und reichlich Bundfalten. Man streitet sich gelegentlich, ob sie nach innen oder außen gefaltet sein sollen, hierfür gibt es keine Regel. Um die Oberschenkel sollte der Stoff großzügig bemessen sein, an den Füßen weniger, aber nicht eng.

HEMDEN

"Was nützt das Wissen um die Vorzüge
eines makellosen Hemdes, gediegener
Stiefel, ein gutes Händchen, wenn die gute
Seele beschmutzt ist?"
ALFRED, LORD TENNYSON

Um 1670, hier begann unser Rückblick, pflegte ein Mann sein Hemd an Nacken und Taille hervortreten zu lassen. Man wollte "Hemd" zeigen – was für die bäuerliche Bevölkerung nicht selbstverständlich war; mehr noch, man zeigte, es war sauber und wurde häufig, ja täglich, gewechselt. In den letzten drei Jahrzehnten des 17. Jahrhunderts als die extravaganten Moden aus Versailles dominierten, war es damit nicht getan: Reichtum und Status galt es, durch aufwendige Spitzen zur Schau zu stellen. Aber um 1780 zeigt sich Lord Guildford in feinem Leinen. Wir sind auf dem Weg zu Beau Brummell und seinem Gebrauch von auf dem Lande gewaschenen und getrocknetem Leinen. Herrenkleidung fertigt man nun aus Wollstoffen in dunklen

Farbtönen. Hemd und Kragen sind unentbehrliche Hilfsmittel, das Erscheinungsbild aufzuhellen und hygienisch zu erscheinen. Um Haut und Haaren zu schmeicheln, hält man Hemd und Kragen in hellen Farben.

Der Gentleman folgt Beau Brummell, man stärkt den Batiststoff der Halsbinden. Diese waren nur schwer zu binden, also wurde der einfache gestärkte Kragen populär. Dem neuen Landadel, der sich aus den Mittelschichten bildete, kam dies entgegen. Es erwies sich als praktisch und schlicht. Ursprünglich fast bis zu den Ohren reichend, wurde der Kragen wieder schmaler, aber blieb hoch genug, um den Adamsapfel zu verstecken. Dies war nicht gerade bequem, so knickte man die Ecken um, der so beliebte Eckenkragen war geboren. In unseren Augen sieht dies, Abbildung 14 zeigt uns Herrn Churchill im Jahr 1907, etwas ungewöhnlich aus. In der Abendgarderobe hielt sich der Eckenkragen am längsten. Dieser Tradition wurde ein schwerer Schlag versetzt, als der 'Prince of Wales' (der spätere Edward VIII.) Anfang der dreißiger Jahre ungestärkte Hemden zum Dinner trug. Sie werden selbstverständlich bemerkt haben, daß ich bisher nur von Hemden mit abtrennbarem Kragen gesprochen habe.

Seit den dreißiger Jahren gibt es die heute gebräuchlichen Hemden mit festangenähtem Kragen. Sie sind uns nur zu vertraut, wir wissen, wie sehr sie Hausfrau und Freundin durch ihre bügelfreien Stoffe erfreuen; wie diese Hemden mit ihren weißen Kragen und Ärmeln versuchen, so smart auszusehen wie ihre gestärkten Vorgänger. Zum gestärkten Kragen, mit allem Ärger und Schick, gibt es keine Alternative, wenn man den Cutaway anlegt. Die eingetretenen Änderungen lassen sich auch hier auf den Sport zurückführen. Die heutigen Hemden mit angenähtem Kragen waren erstmalig auf den Cricketplätzen zu sehen, dann beim Tennis und später als Teil der für Großbritannien so typischen Schuluniformen. Seit den dreißiger Jahren wurde der steife Kragen allmählich verdrängt und verschwand schließlich im Laufe des Krieges im Meer der Kakihemden.

Noch immer bevorzugt man Hemden mit hellen Farben als Kontrast zu dunklen Anzügen. Jahrelang mußte es weiß sein, und weiß ist immer noch sehr populär. Aber im Grunde genommen handelt es sich um ein Überbleibsel aus den Anfängen bügelfreier Hemden. Es riecht nach Wäscheleine, zuviel des Guten! Es vermittelt nicht den Eindruck von guter Schneiderarbeit – dies aber sollte für die Herrenkleidung das eigentlich erstrebenswerte Ziel sein. Beliebt sind deshalb bei teureren Hemden Cremefarben und ein helles Blau. Wer sich mit Bedacht kleidet, hält sich bei gestreiften Hemden zurück. Die Kombination mit Krawatten kann schwierig werden. Sie vermitteln nicht den korrekten Eindruck wie einfarbige Hemden. Hemden werden zumeist aus Baumwolle in einfacher Webart gefertigt, oder mit Streifen in derselben Farbe (Satinstreifen) oder mit (teuren) Mustern im gleichen Ton (Jacquard).

Mit dem Wandel des Anzugs, der Weite von Schulter und Revers, sind unterschiedliche Kragenformen entstanden. Ständiger Beliebtheit erfreut sich der "Button-down"-Kragen, wie die Jeans eines der wenigen Elemente, das die Herrenkleidung den Vereinigten Staaten verdankt. Es ist der Stil der Jugend, und es gibt nichts daran auszusetzen. 'Brooks Brothers', eine Firma, in New York und allen großen Städten vertreten, reklamiert die Erfindung und den Erfolg des "Button-down"-Hemdes für sich. Eigentlich erfunden, auf jeden Fall populär gemacht, wurde das Hemd durch Studenten von Yale und Harvard. Hemden mit "Button-down"-Kragen lassen sich vorzüglich mit grauen Flanellanzügen kombinieren – man ist, besonders in gemäßigten Klimazonen, korrekt aber lässig gekleidet.

In den Sechzigern und Siebzigern, zur Zeit der "Peacock Revolution", mußten Hemden von engem und körperbetontem Schnitt sein. Muskulöse Oberkörper, muskulöse

Arme waren zu präsentieren. Sportliche Hemden, ohne Jackett getragen, zeigen sich heute – beeinflußt von Pullover und ärmellosen T-Shirts – größer und weiter. Wenn sie unter einer Anzugjacke getragen werden, sind sie natürlich zurückhaltender im Schnitt. Hemden trägt man häufig ohne Jackett: Eine Brusttasche ist also angemessen.

Hemden vermitteln etwas Sportliches, viele werden in dieser Weise benutzt, ohne Krawatten in Kombination mit einem Pullover. Die Doppelmanschetten und die entsprechenden Manschettenknöpfe verschwinden allmählich. Man benötigte dieses Accessoire, um die gestärkten Manschetten zu schließen: Durch Knöpfe war dies unmöglich. Weiche Kragen gingen mit weichen Ärmeln einher, und diese machen sich am besten mit einem Knopf. Beau Brummell verschmähte Schmuck.

KRAWATTEN

"Sie betritt den Raum fast vor dem Mann."

DER AUTOR

Die Briten können nicht beanspruchen, die Krawatte erfunden zu haben, aber dies kann auch keine andere Nation. Ihre Entwicklung nachzuzeichnen, von den seidenen oder samtenen Bändern, welche die am Kragen befestigte Spitzenkrause, das Spitzenjabot, hielten, über das lockere Halstuch, benannt nach dem Krieg bei Steinkerke (3. August 1692), über Lord Guildfords Leinen, Beau Brummells Halsbinden und Graf d'Orsays blaßblaues Satin bis hin zum gedeckten Schwarz von Mr. Casaubon und der mittelstandsgeprägten 'Gentry' des Viktorianischen Zeitalters, erweist sich als überflüssig. Die Krawatte verschwand, zwangsläufig, mit dem 'Frock Coat' (Gehrock) und dem 'Morning Coat'. Die Krawatte, wie wir sie heute kennen, verdankt sich dem klassischen Anzug. Mr. Winston Churchill bevorzugte die Fliege zum gestärkten Eckenkragen.

Die V-förmige Öffnung des Anzugs über der Brust, unter dem Gesicht, stellt immer einen zentralen Bezugspunkt der Herrenkleidung dar, besonders heute, in den Zeiten des Anzugs.

Wichtigster Bestandteil der Krawatte ist natürlich die Seide, aus der sie hergestellt ist. Die Krawatte lebt vom genauen Schnitt und der sorgfältigen Verarbeitung. Der Schnitt erfolgt schräg zum Verlauf der Seidenfäden, dem Lauf des Seidenstoffes. Die Krawatte verhält sich dadurch flexibel und läßt sich leicht knoten. Weiter spielen die Qualität des Futters und des Zuschnitts eine Rolle. Ich spreche ausschließlich von Seide, denn glücklicherweise hat Seide ihren Siegeszug über die zeitweise beliebte Kunstseide angetreten.

Alles spricht dafür, die Krawatte als das i-Tüpfelchen der Garderobe anzusehen. Seide reflektiert Licht – im Gegensatz zum Wollstoff des Anzugs. Seide bietet vielfältige Möglichkeiten des Designs und der Farbgebung. Man erinnere sich nur an die Badeschönheiten aus der Prohibitionszeit oder an das rosafarbene Crépe de Chine der "Peacock Revolution". Die Größe der Krawatte unterliegt dem Wandel. Der Schlankheitstick der Beatles brachte schmale Krawatten, einige – oh je! – mit geradem Schnitt. Zur Erinnerung: Die Krawattenform folgte der Breite von Revers und Schultern.

Die ersten Krawatten, die man zu den damals neuen Anzügen ('Lounge Suit') trug, ließen die Träger als Absolventen der alteingessenen Schulen erkennen, es folgten Regimenter und Clubs mit ihren Krawatten. Als "Uniform der zivilisierten Welt" habe ich versucht, den Anzug in diesem Buch zu beschreiben – wenn Sie ihn tragen, bekennen Sie sich zu diesem "Club". Dabei kommt es auf die Krawatte an. Ihre Mitgliedschaft zeigen Sie, darüber besteht kein Zweifel, wenn Sie die Farben Ihrer Schule, Ihres

Regiments oder eines exklusiven Clubs auf diese Weise "tragen".

Seide für Krawatten wird heute überwiegend von Italien geliefert. Die Hersteller treffen sich mehrmals jährlich in Como, um neue Seidenstoffe in Augenschein zu nehmen. Auch das verwöhnteste Auge und die anspruchsvollsten Krawattenhersteller und Designer werden nicht enttäuscht. Die Rückbesinnung auf britische Traditionen verlangt nach englischen Krawatten – aus Seide. Diese folgen traditionsgemäß dem 'Paisley-Typ' (kleinen Palmblattmotiven). Wir haben ihn während unser Herrschaft über Indien nach England gebracht – Schals aus Kaschmir nachempfunden, über Paisley-Tücher bis hin zu Krawatten. Mit der Firma David Evans verfügen wir in England über einen Hersteller der traditionellen Art. Das Produkt, gedruckt auf Seide, ist als "Twill" bekannt. Aber die Italiener blieben nicht untätig, ihre zahlreichen Variationen stehen denen in Haydns Symphonien in nichts nach.

"Neumodische Krawatten mag ich nicht." Mit diesen Worten empfing mich ein Paßbeamter beim Blick in meine Reisedokumente auf dem Flughafen von Sydney vor Jahren. "Die Farben sind leblos." Mein geduldiger Versuch, die historischen Hintergründe des Paisley-Typs zu erklären, den indischen Ursprung der sanften Farben, erwies sich als aussichtslos. Der gute Mann entzog sich weiteren Diskussionen.

Aus Sudbury, Suffolk, stammen wunderschöne gewebte Seidenkrawatten, allerdings wirken Krawatten aus gewebter Seide oft zu schwer für die heute so beliebten leichten Anzüge. Bedruckte Seide im 'Foulard-Typ' triumphiert. Sie sehen, gnädige Frau, liebe Freundin, das Jahr muß nicht vergehen, ohne daß Sie den Krawatten Ihres Liebsten einen britischen Touch verleihen – spätestens zu Weihnachten.

WESTE

'Waistcoat', umgangssprachlicher oder
unfeiner Ausdruck für
'weskit'[2]

<small>OXFORD ENGLISH DICTIONARY</small>

Die Weste verlor viel von ihrer Popularität, als in den 20er Jahren der damalige 'Prince of Wales' (der spätere Edward VIII.) eine Vorliebe für den zweireihigen Anzug entwickelte. Die Weste war damit nicht mehr notwendig, ja überflüssig. Auch die neue Mode, Gürtel statt Hosenträger zu benutzen, führte zu ihrem Niedergang. Hosen mit Gürtel sitzen tiefer, und es entsteht eine Lücke zwischen Weste und Hosen. Hosenträger sind eigentlich erforderlich.

Steigt der einreihige Anzug wieder in der Beliebtheit, und mit ihm die Hosenträger, so mag die Weste ein Revival erleben. Bei Nacht kann man eine farbenfrohe Weste wählen, bei Tag eine hochgeschlossene. Als Teil der Freizeitkleidung vermag sie das Jackett zu ersetzen. Sie kann auffällig oder alltäglich sein, ebenso aber Eleganz vermitteln. Sie ist glücklich über die Kette einer Taschenuhr.

TASCHENTUCH

"Es muß so aussehen, als ob es gebraucht
wird."

<small>DER AUTOR</small>

In den Jahren unmittelbar nach dem Ersten Weltkrieg pflegten die Herren Taschentücher in die Ärmel ihrer Mäntel, üblicherweise links, zu stecken. Man hatte es sich im

---

[2] Ältere, elegante Gentlemen benutzen das Wort 'weskit' für 'waistcoat'

Krieg angewöhnt, da die Uniformtaschen zugeknöpft waren. Ein Taschentuch muß rasch zur Hand sein: um sich zu schneuzen, eine Wespe zu verscheuchen oder den im Überschwang verschütteten Champagner aufzuwischen.

Bald aber eroberte sich das Taschentuch seinen angestammten Platz, die Brusttasche, zurück. Dort verblieb es. Ein Anzug kann auf ein Taschentuch ebensowenig wie auf Hemd oder Krawatte verzichten. Einige Kleinigkeiten sind zu beachten. Ein Taschentuch, und dies ist die wichtigste Regel, muß aussehen als würde es gebraucht, mehr noch: Sie müssen es benutzen. Zwei Taschentücher mit sich zu führen, eins zur Zierde und eins zum Gebrauch, wirkt spießig, oder, um einen wundervollen englischen Begriff zu benutzen, 'naff', will heißen: schlechter Stil, gewöhnlich, etwas dümmlich, durchschnittlich, leblos, vulgär. Man streitet sich darüber, woher 'naff' stammt. Es scheint sich zurückführen zu lassen auf den letzten Krieg, genauer auf NAAFI (Navy, Army, Air Force Institutes), also die Marketender der britischen Streitkräfte. Ferner ist wichtig, daß das Taschentuch nicht der Krawatte gleicht, aber mit ihr farblich harmoniert. Ein weißes Taschentuch ist akzeptabel, aber wir nähern uns der Grenze des guten Geschmacks. Es ist selbstverständlich von guter Qualität und hat einen in Handarbeit gerollten Saum. Meinen Freund Alexis ffrench sieht man auf dem Umschlagsbild mit einem feinen Leinentaschentuch in der von mir gewünschten nonchalanten Art. Er scheint sich gerade die Nase geputzt zu haben. (Nun ja, ich weiß, daß die Japaner es als Gipfel schlechter Manieren ansehen, sich in der Öffentlichkeit die Nase zu putzen. Geben wir ihnen einen Punkt.)

Natürlich hat es etwas Extravagantes, sich die Nase mit einem Seidentaschentuch zu putzen, aber wir sprechen über Stil, nicht von Sparsamkeit. Heute sind auch zahlreiche schöne Baumwolltaschentücher auf dem Markt. Wenn ich es richtig sehe, produzieren die Japaner die besten und, da ich dort bekannt bin, versehen sie die Produkte mit meinem Namen. Zur Zeit kann man sie in England nicht erwerben, aber ich bin vom Grundsatz her ein Optimist. Taschentücher im Bandana-Stil (indischen Ursprungs; meistens gepunktet, manchmal aus Seide, meistens aber aus Baumwolle) sind vorzüglich dazu geeignet, Sie ein wenig wie einen Gutsherren aussehen zu lassen.

SCHUHE

"Wie wunderbar sind deine Füße mit
Schuhen!"
HOHELIED SALOMOS

Ich versuche, Sie wissen es, zu berichten, nicht zu belehren. Als Historiker der Herrenkleidung halte ich fest, wie man sich angemessen kleidet. Ich gebe weiter, was ich gesehen habe bei Männern, denen guter Geschmack in die Wiege gelegt wurde. Drei von ihnen sind Herzöge. Dies, so denke ich, verleiht ihnen Autorität. Aber es würde ihnen wohl mißfallen, mit mir über ihre Kleidung zu diskutieren. Sie würden es bei einem "selbstverständlich" belassen, wenn ich sie fragen würde, ob sie kurze Socken als unpassend ('naff') ansehen. Ja, sie würden mich selbst mit diesem Begriff belegen, wenn ich das Gespräch darauf lenken würde.

Es fällt schwer, nicht snobistisch zu wirken, wenn man über Schuhe spricht. Es behagt mir eigentlich nicht, festzustellen: "Sie können nicht gut gekleidet sein, wenn Sie nicht maßgefertigte Schuhe oder Stiefel tragen." Aber es bleibt mir keine Wahl. Es gibt keinen anderen Weg, Schuhen die Patina von 20 Jahren zu verleihen – und das ist das mindeste –, denn genau dieses Aussehen muß von Schuhen eines wohlgekleideten Herren verlangt werden.

Zunächst ist eine Hürde namens Preis zu nehmen. Gut 2.500 DM benötigt man schon, um einen Leisten für den eigenen Fuß fertigen zu lassen; das beste Leder und eine vorzügliche Verarbeitung zu erhalten. Das kann einen schon erschrecken, aber wie der britische Theaterkritiker James Agate zugeben mußte: "Du bekommst schließlich zwei Schuhe". Es kommt einem das alte Klischee in den Sinn: "Es ist eine Investition". Gut, das stimmt. Wenn Sie die Schuhe schließlich wieder zu Ihrem Schuhmacher bringen, um sie beizeiten neu besohlen zu lassen (und er berechnet Ihnen mehr als Sie für ein neues Paar maschinell gefertigte Schuhe aufwenden müßten), und Sie Ihre Schuhe mit dem nötigen Respekt behandeln, können Sie sich bis zu Ihrem Lebensende daran erfreuen. "Wundervolle Patina", lesen wir über einen zusammenklappbaren Eichentisch aus dem Jahre 1680. Ähnliches läßt sich über Leder, das 20 Jahre alt ist, feststellen – selbstverständlich braunes Leder. Schwarzes Leder scheint genügsamer zu sein, es versorgt sich selbst. In braunem Leder kann man eine Vielzahl von Farbtönen wiedererkennen, so viele wie Monet aufwendete, um einen Heuhaufen zu malen.

Aber da ist noch eine andere Hürde, die zu nehmen ist. Es gilt festzuhalten, daß man zu einem Anzug nur schwarze oder braune Schuhe tragen kann. Der Hinweis genügt, daß ein englischer Gentleman sich nie an andersfarbigem Leder versucht hat. Naturbelassenes Leder verdanken wir, und dies reichlich, den Reitstiefeln. Schwarz wird selbstverständlich als natürlich angesehen.

Wir kommen nun zu Designfragen, und ich bitte um Nachsicht für meine etwas oberlehrerhafte Haltung. Selbstverständlich ist es nicht für jedermann erschwinglich, Maßschuhe zu tragen. Aber nach Möglichkeit sollten die Fabrikschuhe etwas von dem Aussehen handgemachter haben. Es gibt zahlreiche britische Schuhhersteller, die darauf abzielen. Sie sind nicht billig, sie stellen ebenfalls eine Investition dar. Ihr Design ist von dezenter Eleganz.

Mit der Beschreibung des Formenreichtums der Schuhkappen, der Anzahl von Ösen oder der verschiedenen Lochmuster will ich Sie, liebe Leser, nicht langweilen. Vergegenwärtigen Sie sich, daß man auf "Schuhe" etwas verächtlich herabsah; Gentlemen trugen Stiefel. So versucht man noch heute, die Schuhspitzen etwas nach Stiefeln aussehen zu lassen.

Sogenannte "Schnürschuhe", das heißt Schuhe mit Ösen und Schnürsenkeln, kann man als gestutzte Stiefel ansehen. Versuchen Sie auch, liebe Leser, der Versuchung zu widerstehen, Schuhe aus geflochtenem Leder zu kaufen, die die raffinierten Spanier und Italiener anbieten. Halten Sie sich fern von Schuhen aus weißem Leder; sie sind der Gipfel der Kleinkariertheit. Sie werden erleichtert sein, wenn ich hinzufüge, daß weiße Segeltuchschuhe in jeder Form gleichwohl erlaubt sind; aber selbstverständlich nur für Freizeitkleidung (doch davon später).

Damit bin ich bei einem anderen Schuh, der uns aus den USA erreicht, und sich einen festen Platz auch in der Garderobe der konservativsten Herren erobert hat: dem Slipper, Mokassin oder Loafer. Sein Ursprung läßt sich vermutlich auf die Indianer zurückführen; verbreitet wurde er von amerikanischen Studenten ebenso wie von englischen, die damit ihre 'Oxford Bags' schmückten. Ein solcher Schuh, selbstverständlich in Schwarz oder Braun, gemacht von einem guten Schuhmacher, in Leder hoher Qualität, mit Liebe poliert, wird heute zum Anzug getragen. Herren, beim Anziehen in Eile, preisen die Abwesenheit von Schnürsenkeln. Metallbesätze sind absolut unpassend. Zur Popularität der Slipper trugen auch die 'Chelsea Boots' der Beatles-Ära bei. Die Seiten aus elastischem Stoff waren nicht gerade eine Zierde; sie machten sich schlecht in billigen Schuhen und ließen hochwertiges Schuhwerk billig aussehen.

Es ist völlig unmöglich, in billigem Schuhwerk gut gekleidet zu sein. Kaufen sie das Beste, was sie sich leisten können, ja auch darüber hinaus zu gehen, ist nicht extravagant. Aber den Schuhen nicht die notwendige Aufmerksamkeit zu schenken, ist reinste Verschwendung.

SOCKEN

"MEZZA CALZA"

Dieser italienische Ausdruck bezeichnet eine halblange Socke: singular nicht plural und weiblich. In feinen Kreisen der italienischen Gesellschaft benutzt man das Wort wie wir Engländer den Begriff 'naff'. Da er weiblich ist, kann man Frauen damit bezeichnen, die nicht aus diesen Kreisen stammen, aber es gibt selbstverständlich Ausnahmen. Immer aber bezieht er sich auf gewöhnliche oder gar ordinäre Frauen. Da der Begriff weiblich ist, kann man Männer damit nicht belegen, aber man kann mit dem Wort ausdrücken, was Männer tun. Kurze Socken zu tragen ist 'mezza calza'.

Sie müssen unter allen Umständen Socken tragen, die ihre Waden bedecken. Den nackten Fuß über dem Schuh zur Schau zu stellen, ist nicht sonderlich attraktiv. Auch rutschen kurze Socken nach unten. Aber den wahren Grund finden wir in der Geschichte. Als der klassische dunkle Anzug populär wurde, am Beginn des Jahrhunderts, trug man in London noch Stiefel. Diese erforderten lange Strümpfe. Das 'Oxford English Dictionary' beschreibt den Sachverhalt völlig korrekt und bezeichnet eine Socke als "kurzen Strumpf, der den Fuß bis über die Waden bedeckt; Kurzsocke." Als die Schuhe aufkamen, hielt man die Strümpfe mit besonderen "Strumpfhaltern" fest. Wenn Ihnen danach ist, können Sie sicher noch welche erwerben, aber die moderne Wissenschaft und die heutigen Fertigungstechniken haben dem Strumpf ein Gummiband beschert, das ihn sicher über den Waden hält. Die Socken sind gut plaziert und liegen glatt an. Ganz ausreden möchte ich Ihnen die kurzen

Socken nicht, selbstverständlich dürfen Sie sich ihnen hingeben, wenn Sie Jeans oder eine andere Freizeithose, wahrscheinlich mit weißen gummibesohlten Segeltuchschuhen, tragen.

GÜRTEL

"Verdammte Hosenträger."
WILLIAM BLAKE

Seitdem die Taillenlinie an ihren angestammten Platz zurückgekehrt ist, gibt es weniger Lärm um dieses nützliche Zubehör. Zur Geschichte genügen wenige Worte. Edward VIII., noch als 'Prince of Wales', verschmähte die Hosenträger und bevorzugte den Gürtel. Er berichtete uns, wie ihm die Hosen, die sein Schneider Scholte für ihn anfertigte, mißfielen und wie er sich seine Hosen anderswo schneidern ließ.

Als der Autor in den 60er Jahren seine Arbeit für die Firma 'Hepworth' begann, verlangte ein Großteil der Kunden Hosen, die für Hosenträger geschnitten waren. Diese kamen mehr und mehr aus der Mode, als die Taillenlinie auf die Hüften rutschte. Nun geht es wieder nach oben und die Hosenträger kehren zurück. Zurecht beliebt bei der Jugend: Hosenträger betonen die Breite von Brust und Schultern und den Gegensatz zur schlanken Taille. Die ältere Generation mag sie: komfortabel, wenn die Taille nicht mehr ganz so schlank ausschaut.

UNTERWÄSCHE

"Laßt eure Lenden umgürtet sein und eure
Lichter brennen."
LUKAS EVANGELIUM

Wir dürfen nicht verschweigen, was sich unter dem Anzug
verbirgt. Heute ist das Bedecken, oder besser das Bekleiden der Lenden von großer Bedeutung. Übrigens, für den
Fall, daß Sie es nicht wissen, die Lenden sind der Teil des
Menschen oder des Vierbeiners, der auf beiden Seiten der
Wirbelsäule liegt, zwischen unteren Rippen und Hüftknochen. Das Bekleiden der Lenden wird heutzutage äußerst
zufriedenstellend von den Shorts der Firma 'Jockey' erle-
digt (jene mit Y-Form). Eine großartige Errungenschaft in
der Geschichte der Herrenkleidung. Wir verdanken sie den
USA.

Werfen wir einen Blick zurück, wir beginnen 1670,
so ist ständig die Rede von Unterhosen – von Unterhosen
der Männer und genauso häufig, wenn nicht sogar häufi-
ger, von Unterhosen der Frauen. Der berühmte Dr. Willet
Cunnington, den ich persönlich ganz gut kannte, versicher-
te mir, daß tugendhafte Damen keine Unterhosen trugen.
Man betrachtete sie mehr als Reiz- denn als Unterwäsche.
Die Unterhosen der Männer – aus Leinen für die Wohlhabenden, Baumwolle für die Ärmeren – waren gerade
richtig, um unter den weiten Hosen des 17. Jahrhunderts
Platz zu finden. Die enger geschnittenen Kniehosen erforderten entsprechende Unterwäsche. Aus der Kniehose,
die man verlängerte, um nicht mehr auf Strümpfe ange-
wiesen zu sein, entwickelte sich die wadenlange Hose. So
geschehen um 1830. Die eng anliegenden langen Hosen
nannte man 'Pantaloons'. Warum? Sie verdanken ihren
Namen dem heiligen Saint Pantaleone, dem Schutzheili-
gen von Venedig und aller Ärzte. Im Mittelalter, als man

alle volkstümlichen Theaterstücke 'commedia dell'arte' zu benennen pflegte, drehten sich alle Späße um den heiligen Pantaleone. Er trug immer recht bunte lange Hosen, die man schließlich 'pantaloon' nannte, ein immer noch gängiger italienischer Begriff für Hosen. In den 30er Jahren des vorigen Jahrhunderts wurden die Hosen unten weiter, aber als Unterwäsche blieben sie in der alten Form, also 'pantaloons'. Wir Engländer machten daraus "pants": Für uns Unterwäsche, für die Amerikaner keinesfalls.

Über Hemden haben wir bereits gesprochen. Die meisten Chronisten zählen Hemden zur Unterwäsche. Heute verfahren wir anders. Das Hemd ist nicht mehr ein Anhängsel der Weste, das Hemd wurde zu einem prestigeträchtigen, eigenständigen Teil der Garderobe.

Alle Unterwäsche, dies behalten wir im Hinterkopf, dient zunächst dazu, den Anzug vor dem Körper, nicht nur der Männlichkeit, zu schützen. Anzüge waren Wertgegenstände und für die weniger Wohlhabenden Erbstücke, die man an die nächste Generation weitergab. Sie ließen sich nicht waschen und selbstverständlich gab es keine chemische Reinigung. Slips oder Shorts kannte man, da wenig nützlich, um den Anzug zu schützen, auch Anfang dieses Jahrhunderts noch nicht. Erst in den 20er Jahren brachte der klassische Anzug ('Lounge Suit') die langen Unterhosen in Schwierigkeiten, zumindest im Sommer. Auch ein anderes Stück Unterwäsche bekam Probleme, die sogenannte "Kombination".

Im Jahr 1930 brachte die amerikanische Firma 'Coopers of Kenosha' eine kurze Unterhose in Y-Form aus Baumwolltrikot auf den Markt. Diese hat sich in der ganzen Welt durchgesetzt. Aus 'Coopers' wurde 'Jockey'. Man begann zunächst mit Shorts verschiedener Beinlängen, Ende der 50er Jahre kam schließlich der beinlose Slip auf. Großen Einfluß in Großbritannien hatten Unterhosen, die ein Mann namens 'Vince' in seinen Läden in der Gegend der 'Carnaby Street', London, verkaufte. Diese Läden spezialisierten sich auf Sportkleidung, wozu auch sehr knappe Slips gehörten. Genau danach verlangte die modebewußte Jugend. Denn sie waren ideal für das immer populärer werdende "Sonnenbaden". Einige kurze Schritte über den Strand und schon planschte man im Meer. Knappe Slips waren genau das richtige für die neuen engen Jeans. Wie angemerkt, beeinflußte diese Silhouette der Jeans die aller anderen Hosen. Die Franzosen, sich immer bewußt über den Marktwert des Sexappeal, brachten dem Körper schmeichelnde Modelle auf den Markt: Aber die amerikanische Y-Form gefiel den weitaus meisten Bürgern. Daran hat sich nichts geändert.

Mode heißt Bewegung. Hosen haben ihren Bund wieder da, wo er natürlicherweise sein sollte. Die Falten der Hose geben den Beinen die Freiheit zurück. Wie immer, folgt die Unterwäsche der Kleidung. Der beinlose Slip wird langsam durch Shorts ersetzt, die mit dem Zusatz 'Boxer' versehen werden, um ihnen einen sportlichen Flair zu verleihen. Gleichzeitig kommen Unterhosen auf, mit Beinen bis zum Knie – die von Radlerhosen (aus einem Gemisch von Baumwolle und Lycra) beeinflußt wurden.

Sport erweist sich einmal mehr als der große Motor im Hintergrund. Sie umgeben sich mit der Aura eines Athleten, wenn Sie in ihre moderne Unterwäsche schlüpfen. Es ist alles eine Sache der Verpackung.

"Eine Schachtel, prall mit Süßigkeiten gefüllt."

GEORGE HERBERT

VII

Freizeitkleidung

"Gönn' Dir Kleidung für die Sinne, weich,
wollig und hell."

William Blake

'Casual', so nennt der Handel die Freizeitkleidung; selbstverständlich sollte Kleidung 'casual' sein, also der Gelegenheit entsprechen. Wir sprechen über das, was Sie tragen, wenn Sie Ihren Anzug im Schrank lassen. In meinem langen Leben bin ich nur einem wahrhaft neuen Anzug begegnet, dem Trainingsanzug. Seine obere Hälfte ist, selbstverständlich, ein 'Sweater'. Wenn sie einen Blick auf die Geschichte werfen, so gelangen wir wieder zu Edward VIII., der, noch als 'Prince of Wales', das Recht für sich in Anspruch nehmen kann, den Pullover populär gemacht zu haben. Folgt man dem Oxford English Dictionary so entstammt der Begriff 'Pullover' dem Jahr 1925 und wird definiert als: "Sweater, getragen vor oder nach dem Sport, 1882". Interessant, nicht wahr?

In Europa und in den USA, darüber dürfte Einigkeit bestehen, wird der Anzug heute weniger getragen als früher. Aber Länder im Fernen Osten, wie Japan, Korea, Taiwan und Thailand, haben dem Anzug in den letzten Jahren eine gewaltige Zahl neuer Verehrer zugeführt. Ihr Interesse an europäischer Kleidung schließt den Pullover ein.

Maschinengestrickte Pullover aus Kaschmir darf man als die hochwertigsten ansehen. Die Wolle liefert eine Ziege, benannt nach Kaschmir in Indien. Die feinste Kaschmirwolle liefern die Bärte wilder Ziegen in Tibet, zumindest war es früher so. Heute beherrschen die Chinesen den Markt. Der Preis steigt mit der Popularität. Kaschmir betört, gestrickt oder gewebt, durch seinen weichen Griff. Gewebt weist es genügend Festigkeit auf und gibt dem Schneider gute Möglichkeiten, aber uns interessieren Strickwaren. Kaschmir bietet Wärme ohne Gewicht, ein Material schlicht einzigartig. Aus "einfacher", das heißt aus einfädiger Wolle, lassen sich die leichtesten Pullover stricken. Man erhält eine glatte Oberfläche, und für Strickmuster erweist sich der lockere Kettenstich als ideal. Ermöglicht wird die Herstellung interessanter Oberflächen, die dem Auge mehr schmeicheln als Farbkontraste von Streifen oder Karos.

Kaschmirwolle wird in der Regel gefärbt, aber ihre natürliche Farbe (die eines Kamels, das in Milchkaffee gebadet hat) ist ausgesprochen hübsch. Daher wirkt sie in allen "natürlichen" Farben besonders vorteilhaft: cremefarben, karmelhaarfarben und sämtlichen Grautönen. Diese sind den männlichen Zeitgenossen vorbehalten; die Damen können einen Farbton passend zu ihren blauen Augen wählen. Kaschmir ist teuer und sollte nicht zu sehr beansprucht werden. Es läßt sich durch nichts ersetzen. Für unser Klima erweist es sich (für Hand und Haut) als die komfortabelste Textilie.

Der Schafswolle bietet sich ein breiteres Spektrum. Die Wolle des Merinoschafs, das vor 200 Jahren von Spanien nach Australien und Neuseeland gelangte, liefert die beste Wolle. Man kann ein ebenso feines Garn wie aus Kaschmir spinnen. Es fehlt der weiche Griff des Kaschmirs (das aber Fusseln, kleine Bällchen bildet), bietet aber Dauerhaftigkeit, ja Unverwüstlichkeit. Kaschmir kann nur von Hand in lauwarmen Wasser, mit Liebe von einer Frau oder Geliebten, gewaschen werden. Eine weitere hochwertige Wolle ist Alpaka. Vielleicht ist ihnen bekannt, daß der Name auf einen peruanischen Vierfüßler, eine besondere Lamasorte, mit langen, feinem, wolligem Haarkleid zurückgeht.

Sie sind selten heutzutage. Über die vielen Wollarten, aus denen man Sweater herstellt, möchte ich mich im Einzelnen nicht verbreiten. Ich erwähne nur die, die es mir wert erscheinen.

Ich liebe Pullover. Wenn ich keinen Anzug trage, bevorzuge ich ein cremefarbenes Hemd aus Naturseide mit 'Button-down'-Kragen, selbstverständlich ohne Krawatte, und einen einfädig, in Kreuzstich gestrickten, naturfarbenen Pullover mit halsnahem Ausschnitt. Dazu trage ich leichte, dunkelfarbige Flanellhosen, Kaschmirsocken (die bis über die Wade reichen und natürlich die Farbe meines Pullovers haben, oder aber graue Wollsocken in der Farbe meiner Hosen), ein Paar zwanzig Jahre alte, geschnürte Mokassins aus braunem Kalbsleder – und selbstverständlich ein Taschentuch im Bandana-Stil.

Alle Pullover müssen heute weit geschnitten sein. Man verdankt es dem Sport, besonders amerikanischen Footballspielern. Kluge Geschäftsleute führen kleine Größen erst gar nicht. Denn die kleinwüchsigeren Männer tragen mittlere Größen, und die normalen große, und die modebewußten extragroße. Die Hersteller von Kaschmir-Pullovern haben diesem Modetrend nur zögerlich Beachtung geschenkt. Für einen großen Pullover benötigt man noch mehr der ohnehin teuren Wolle.

Meine Freunde aus dem Handel berichten mir, daß sich langärmelige Pullover mit V-Ausschnitt am besten verkaufen. Nach meiner Meinung handelt es sich dabei um ein höchst unnützes Kleidungsstück. Der V-Ausschnitt erfordert eine Krawatte, aber ein Pullover mit Krawatte ohne Jackett ist wirklich spießig. Wählen sie besser einen 'Cardigan', wenn sie sich ohne Krawatte einsam fühlen. Eine Krawatte trägt man, und das sollte man tun, zu einem Anzug, aber ein langärmliger Pullover ist sicher grauenhaft unbequem unter einer Anzugsjacke. Daraus können wir eine Regel ableiten: Ein ärmelloser Pullover sollte es sein, um sich mit Krawatte und Anzug wohlzufühlen.

Langärmelige Pullover erfordern einen runden "Ausschnitt", im Englischen nennt man es 'crew' – was soviel wie Mannschaft bedeutet und auf den Ursprung, das Rudern, verweist. Damit haben wir unseren Adamsapfel, besonders wichtig für die über Vierzigjährigen, aufs beste versorgt. Smart sehen die Jüngeren aus. Dem Hemdkragen sollte der Pullover genügend Ausschnitt, genügend Platz bieten. So folgen wir 'Beau Brummell'. Ein 'Buttondown'-Kragen, obwohl nicht unbedingt erforderlich, erweist sich als vorteilhaft.

Ein offener Hemdkragen, ohne Krawatte zu einem Jackett getragen, macht keinen guten Eindruck. Abraten möchte ich davon, den Hemdkragen mit viel Engagement sauber über das Revers des Anzugs zu plazieren. Wenn Sie den Komfort eines Pullovers wünschen, nicht aber die Unannehmlichkeiten der langen Ärmel unter der Anzugsjacke, so darf ich sie nochmals auf den ärmellosen Pullover hinweisen. Es ist eine Freude ihn zu tragen. So ohne weiteres läßt er sich allerdings nicht erwerben. Denn Männerpullover werden zumeist von Frauen gekauft, als Präsent oder für sich selbst. Frauen sehen den Nutzen ärmelloser Pullover nicht, obwohl sie sich zu Kostümen bequem tragen.

Für die Freizeit ist der Pullover das wichtigste Kleidungsstück. Er vermittelt Bequemlichkeit, Bewegungsfreiheit, Zwanglosigkeit und nicht zuletzt einen Hauch von Sportsgeist. Sie nehmen die Last der Verantwortung von Ihren Schultern, die Verantwortung für Ihren Beruf, Ihre Firma, Ihren sozialen Status – wenn Sie ihren Anzug ablegen (dies mindert die Wirkung des Anzugs keineswegs, es verstärkt sie). Sie genießen sorgenfrei die Anonymität.

Aber es gibt Gelegenheiten, wenn etwas mehr 'Bella Figura', etwas mehr Aufwand empfehlenswert ist. Nun, ich für meine Person mag Leder nicht. Ich bin durch und durch ein "Wolljunge". Ich kann nicht verstehen, warum Hosen aus Leder, die die Körperwärme stauen und die Bewegung behindern, so beliebt sind. Die Silhouette erscheint unvorteilhaft. Leder ist im Gegensatz zu Wolle unflexibel; unvorteilhaft für die Haut, da schwarz und braun sensible Farben sind; schließlich, weil gefärbtes Leder als solches mir spießig erscheint. Nun bin ich mir darüber klar, sich "Zurechtmachen" beinhaltet seinen Wohlstand zeigen. Genau dies beabsichtigt man mit Kaschmir und selbstverständlich mit handgemachten Schuhen. Leute mit kleinerem Geldbeutel müssen ihre Wahl sehr sorgfältig treffen. Man sollte alles mit Bedacht auswählen. Verzichten Sie auf Spielereien, überlegen Sie, was Sie zu dem Kleidungsstück, das Sie kaufen, noch tragen können. Lassen Sie sich nicht von den farbenfrohen italienischen Pullovern verführen, es sei denn, Sie wollen Ihr gesamtes Outfit in dieser Weise ausrichten. Mit diesen Empfehlungen, so hoffe ich, folgen wir Beau Brummell.

VIII

ABENDKLEIDUNG

"Sich gut zu kleiden vermittelt ein Gefühl
innerer Ruhe, mit dem Religion nicht
dienen kann."

THOMAS DUNN ENGLISH

Der König der Herrenkleidung ist selbstverständlich der
Frack. Männer kommen damit sehr vorteilhaft zur Geltung: Die langen Schöße verleihen Würde, das Weiß von
Weste, Hemd und Fliege läßt auch ein errötetes Gesicht
angenehm erscheinen. Gleichzeitig verfügt man über die
ideale Unterlage für Orden, Medaillen und Schärpen. Eine
Armbanduhr zu tragen, zeugt nicht von Eleganz. Die weiße
Weste verlangt nach einer Kette, und eine Kette verlangt
eine Taschenuhr. Oft genug habe ich Männer mit Stil gesehen, denen die richtige Uhr fehlte und die ihre Armbanduhr
in der Westentasche trugen. Edelsteine, sogar farbige wie
Rubine, Saphire und Smaragde, die man, Gott sei Dank,
tagsüber verschmäht, erscheinen nun auf Manschetten- und
Kragenknöpfen ebenso wie auf Westen.

Der Frack kann stolz auf sich sein, er ist von tadelloser
Abstammung. Sein Aussehen hat sich in den letzten 200
Jahren, seit der Zeit, als er noch ein Reitrock war, wenig
verändert. Die entscheidende Änderung trat ein, als man ihn
vorne kürzte (englisch: 'to cut'), so daß er sich nicht länger
schließen ließ. Zu keinem Zeitpunkt scheint er ein Einreiher
gewesen zu sein, er war stets ein gekürzter Zweireiher. Die
Anordnung der Knöpfe verweist uns noch heute darauf.

Dunkle Farben, blau, braun, grün und aubergine (ein dunkles Violett) sind ihm angemessen. Dazu trug man hellere Hosen – bis um 1900 der spätere Edward VII. auch hier Zeichen setzte. Von nun an war es üblich, ja unerläßlich, in schwarzen Hosen zu erscheinen. Erst der nächste 'Prince of Wales', der so kurz als Edward VIII. regierte, brachte dem Abend das dunkle Blau zurück. Mehr noch, als er in den 20er Jahren zur 'Bright Young Things Scene' gehörte, liebte man ein sehr dunkles Blau, ein 'Midnightblue', das schwärzer als Schwarz im Licht der Nacht erstrahlt. Aber auch tagsüber bemerkte man das Blau kaum. Es wirkt unendlich viel besser als Schwarz, das sehr schnell ausgebleicht erscheint. Mit einem braunen oder grünen Stich hinterläßt es, besonders auf Musikveranstaltungen wie einem Opernfestival, einen depressiven Eindruck. In den 30er Jahren, als der Autor erstmals selbst Gelegenheit hatte, seine Kleidung in 'Savile Row' anfertigen zu lassen, empfahl jeder Schneider, der etwas auf sich hielt, 'Midnightblue', nicht Schwarz. Dieser Hinweis ist wichtig in bezug auf den Smoking, denn hier hat man eine Menge Stoff, die nicht von dem konträren Weiß der Krawatte und der Weste lebt.

Der Besatz der Abendkleidung in 'Midnightblue' bleibt stets schwarz. Ich persönlich ziehe Satin gerippter Seide vor, die von manchen Schneidern benutzt wird. Seide dient natürlich als Futter. Auch hier scheint mir Satin der angenehmere Stoff zu sein. Ebenso für die Schleife, die zu einem Smoking getragen wird. Ein Oberkragen aus Samt, ebenfalls immer schwarz, verleiht Frack und Smoking eine besondere Note.

Dem Smoking fehlt etwas die nötige Abstammung. Er bringt es auf nur 100 Jahre, der Frack auf das Doppelte. Edward VII. hält es für eine seiner Erfindungen, aber zweifellos wurde es durch seinen Enkel populär. Dies gelang so einfach nicht; der Frack, selbstverständlich mit weißer Fliege, war in den 30er Jahren noch allgemein üblich. 1935, ich erinnere mich gut, war ich zu einem abendlichen Konzert in einem Kensingtoner Privathaus eingeladen. Die Zuhörer, etwa 100, trugen Frack. Bald darauf ließ ich mir ebenfalls einen anfertigen, da ich zu Debütanten-Bällen eingeladen wurde. An jedem Abend im Mai oder Juni zeigten sich zahlreiche junge Männer im Viertel um den 'Belgrave Square' im Frack.

Anmerken darf ich (der Filmbranche und den Kostümberatern mag es nützlich sein) niemand, ich wiederhole, niemand trug einen weißen Schal, auch nicht mit einem Mantel und schon gar nicht ohne.

Die weiße Fliege ist selbstverständlich von zentraler Bedeutung. Zusammen mit dem steifen Eckenkragen geht sie direkt auf Beau Brummells gestärkte Halsbinden zurück. Mit dem Binden hatte er so seine Schwierigkeiten. Es überrascht etwas, daß die aufsteigenden Mittelschichten damit zurechtkamen. Nun, sie lernten es und können es ja noch. Aber die Stärke in dem Baumwollpiqué macht die Sache nicht gerade leicht. Ich kann also den Männern schlecht vorwerfen, fertig gebundene Schleifen zu kaufen, allerdings kommt es dem Sündenfall gleich, sie zu tragen. Bevorzugen Sie dennoch fertige Schleifen, achten Sie wenigstens darauf, daß Ihre Hemden am Rückenteil, unterhalb des Kragens, eine Schlaufe besitzen, durch die man die Krawatte hindurchziehen kann. Dadurch wird verhindert, daß sie bis zum oberen Teil des Eckenkragens hochrutscht, denn dies sieht nicht nur gefährlich aus, es bringt auch die gefürchtete "Schließe" zum Vorschein. Schleifen, deren Enden eine "Butterfly"-Form aufweisen, sind meiner Ansicht nach besonders schwer zu binden; gerade Enden sind einfacher und die daraus gebundene Schleife eleganter.

Falls Sie so aussehen möchten, als hätten Sie die Mühen des Selbstbindens auf sich genommen, können Sie einen guten Herrenausstatter dazu bewegen, Ihnen entsprechend ihrer Halsweite eine Schleife anzufertigen und sie vor dem

Anbringen der "Schließe" zu binden. Damit werden sie jedermann täuschen und den "Kenner" bezaubern.

Das Gesagte läßt sich auf die Schleife des Smokings übertragen. In diesem Punkt muß ich nun streng zu der Jugend sein. Man kann einfach keine scharlachrote Satin-Schleifen tragen; sie sind unglaublich 'naff'. Farbige oder gemusterte Schleifen sind ebenfalls völlig unpassend. Auf Einladungskarten wird europaweit nachdrücklich die "schwarze Schleife" verlangt. Farbenblindheit ist kein Entschuldigungsgrund. Und die älteren Herren müssen ihren "Butterfly"-Krawatten aus Samt entsagen. Man kann eine Mode mit 100 Jahren auf dem Buckel wiederaufleben lassen, aber zehn Jahre reichen nicht.

Der Eckenkragen verdient einige Aufmerksamkeit. Ich habe bereits erwähnt, daß alle Arten von steifen Kragen als Nachkommen von Beau Brummells gestärkten Halsbinden zu verstehen sind. Über 100 Jahre lang trug man tags und am Abend gestärkte Kragen und Manschetten, in den 20er Jahren lehnte sich der 'Prince of Wales', mit Gespür für den Zeitgeist, der schon die Damen dazu brachte, ihre Korsetts zu verbannen, gegen die Unbequemlichkeit von gestärkten Kragen samt Knöpfen auf und ging dazu über, weiche, am Hemd festgenähte Kragen zu bevorzugen, sogar zum Smoking. Diese Gewohnheit wurde bis heute beibehalten, und ist noch immer fest etabliert. In den 30er Jahren wurden Eckenkragen von Universitätsdozenten und Diplomaten in fortgeschrittenen Jahren getragen und ließen sie noch älter aussehen.

In den letzten fünf Jahren scheint die Jugend den Eckenkragen wiederentdeckt zu haben, und die Hersteller versuchen zu Recht, diesen Wünschen zu entsprechen. Ein am Hemd festgenähter Eckenkragen ist nicht das Richtige. Außerdem fällt mir auf, daß manche Kragen nicht sehr hoch sind, so daß die fertig gebundene Schleife leicht über den Rand rutschen kann. Die Hersteller scheinen zum großen

Teil vergessen zu haben, die ungeheuer wichtige Schlaufe am Rückenteil des Hemdes anzubringen. Der ausgeprägte Wunsch der Jugend, sich um den Eckenkragen stilvoll zu kleiden, ist faszinierend. Natürlich weiß sie nicht, wie mühsam ein gestärkter Umlegekragen anzulegen ist, mit seinen Kragenknöpfen; der halbgestärkte, am Hemd befestigte Kragen ist keine elegante Lösung. Es erfordert schon etwas mehr Mühe, sich zu kleiden.

Der Smoking ist selbstverständlich nichts anderes als ein klassischer Anzug für den Abend, nur etwas förmlicher. Der zweireihige Anzug ist in den letzten zehn Jahren häufig getragen worden, vor allem von Herren mit Interesse an Mode. Als Abendgarderobe ist er äußerst nützlich. Die beiden Knopfreihen, das im Vergleich zum einreihigen Anzug etwas breitere Revers, die häufige Verwendung von Seide – all dies sind Merkmale feiner Kleidung. Bis man den einreihigen Anzug akzeptiert, wird noch einige Zeit ins Land gehen. Hosen werden mit Hosenträgern getragen, Gürtel sind zu lässig. Hosenträger in Verbindung mit einem Einreiher verlangen eher nach einer Weste. Hier können sich die Jüngeren versuchen, allerdings sollte der Versuch nicht so weit gehen, eine weiße Schleife zum Smoking zu tragen, und natürlich auch keine Schleife, die, wie ich bereits erwähnte, nicht schwarz ist. Ein farbiges Taschentuch? Oh ja, zu Smoking oder Frack ist es nachdrücklich zu empfehlen. Ein weißes Taschentuch zu zeigen, kommt dem Hissen der weißen Fahne im Kampf des Lebens gleich.

Da wir gerade über die Farbe Weiß sprechen, erlauben Sie mir, liebe Leser in Deutschland, bitte noch den Hinweis, daß ein weißer Smoking (in Deutschland 'Dinnerjacket' genannt) ausgesprochen geschmacklos ist. Von denen, die wußten, was man vor Jahren in Venedig trug, wurde er verhöhnt. Was man in der Karibik mit Stil trägt, ist, so nehme ich an, nicht maßgebend. Aber in Europa – furchterregend! Zudem ist er äußerst unpraktisch. Ein

Smoking sollte aus leichtem Stoff sein, dem leichtesten, der erhältlich ist, natürlich in 'Midnightblue'. Es läßt sich dann das ganze Jahr über tragen. Der Stoff, der für das – "deutsche" – Dinnerjacket verwendet wird, ist keineswegs leichter und, sofern nicht Wolle, knittert er schnell und gern. Für den Abend empfehlen sich Schuhe aus Lackleder. Zunächst waren es selbstverständlich Stiefel, später dann Schnürschuhe. Die neuen Mokassins sind völlig korrekt; Messingspangen weniger. Absolut sicher sind Lackpumps mit Schleifen aus schwerer gerippter Seide. Die wadenlangen Socken sollten grundsätzlich aus schwarzer Seide sein, aber ein mutiger Zeitgenosse mit roten oder violetten Socken fände meine Bewunderung. Seidene Socken sind die Nachfahren der zu Kniehosen getragenen Strümpfe.

Das Interesse junger Leute an der Abendgarderobe sollte gestärkt werden. Sie scheinen nach traditioneller Kleidung zu verlangen, nicht nach einer Abendversion der Freizeitkleidung. Zuviel der Regeln aufzugeben, scheint mir falsch. Unser Haus hat sich an einem in schwarzen Samt gehaltenen Trainingsanzug für den Abend versucht. Im privaten Kreis bereitet er größtes Vergnügen. Die Öffentlichkeit, eine schwarze Krawatte erwartend, sollte man damit besser meiden. Es hieße, sich in der Welt einen immensen Schaden zuzufügen. Es bliebe die Genugtuung, als mutiger Kämpfer gegen Unbequemlichkeit zu gelten. Eine weiße Fliege zum Smoking zu tragen, zeugt von Ignoranz, nicht wahr? Die weiße Fliege stammt von Beau Brummells weißen Halsbinden. Sie zu einem Frack anzulegen, hat sich seit 200 Jahren als korrekt erwiesen. Frack und Smoking vermitteln Geschichte.

Die Angewohnheit, die Kleidung zum Dinner zu wechseln, läßt sich auf das 18. Jahrhundert zurückführen, als die Herren einen Großteil des Tages auf dem Rücken der Pferde zubrachten. Von Hygienegründen einmal abgesehen, vermied man es, den Geruch des Stalls ins Haus zu tragen. Heute legt man die Abendgarderobe an, um an Feierlichkeiten oder Veranstaltungen wie einem Konzert teilzunehmen. Es handelt sich, wenn man so will, um Kleidung für "Zeremonien". Man schließt sich einem "Club" Gleichgesinnter an, und sei es nur für einen Abend. Wenn Sie rebellieren möchten, tragen Sie einen Blazer mit einer schwarzen Fliege und passenden dunkelblauen Hosen. So zeigen sich Gentlemen in Ferienorten, vor allem an der See. Sie vermitteln den Eindruck, als kämen sie gerade vom Boot. In den frühen Tagen des Fracks sah man häufig Messingknöpfe an der Abendkleidung. Diese Tradition wird durch die Verwendung von Messingknöpfen auf der 'Household'-Uniform, der Dienstkleidung der Hofangestellten im Buckingham-Palast fortgeführt.

Mit meinem Buch verfolge ich nicht zuletzt die Absicht, der Jugend zu erklären, wie sich die Herrenmode im Laufe der Jahre entwickelte; wie es zu Veränderungen kam, aber auch, wie "zeremoniell" ein großer Teil davon ist. Zeremonien sind für die Menschheit äußerst nützlich. Kleidung trägt dazu bei, daß diese Zeremonien beeindruckend bleiben. Veränderungen nützen niemandem, es sei denn, sie dienen dem Komfort und nehmen keinen Einfluß auf das stilvolle Äußere. Ein weicher Kragen verschandelt das Aussehen des Smokings nicht. Nun, ich fürchte, meine Ratschläge überschwemmen die Darstellung der historischen Entwicklung. Vermutlich vermögen nicht alle, den Großmut aufzubringen, mir zu verzeihen, sondern werden über meine altmodischen Ideen spotten. Nun, wenigstens hat man etwas über die Vergangenheit erfahren. Nicht weniger faszinierend ist ein Blick in die Zukunft. Davon später.

IX

HOCHZEITSKLEIDUNG

"In welcher Zeit oder Nation, und sei sie
auch noch so dumm, war die Ehe jemals
außer Mode?"

SAMUEL BUTLER

Widmen wir uns nun einem Bereich, der eng mit der Tradition verbunden ist. Ich hoffe, meine Leser sind von dem Portrait des Lord Guildford (siehe Abbildung 9) ebenso angetan wie ich. Es stammt aus dem Jahr 1780 und zeigt den Cutaway, der sich aus dem Reitrock entwickelte. Bei genauerer Betrachtung ist zu erkennen, daß er an den Ärmeln Manschetten hat, die mit zwei Messingknöpfen besetzt sind. Auf Manschetten wird inzwischen längst verzichtet, die Knöpfe aber wurden beibehalten, sogar beim klassischen dunklen Anzug – einem Cutaway mit abgeschnittenen Schößen.

Vor allem der aus schwarzem Stoff gefertigte Cutaway blieb bis heute erhalten. 1922 wurden von Herstellern, die sich auf "offizielle" Kleidung spezialisiert haben, etwa 8.000 Cutaways gefertigt. Die meisten von ihnen fanden vermutlich den Weg in einen "Kleiderverleih", z.B. die verehrte Firma Moss Bros.. Ein kluger Mann, der bereit ist, sich von seinem Schneider einen Cutaway und ein Paar Hosen anfertigen zu lassen, sollte deshalb vielleicht einen grauen, nicht zu schweren Stoff auswählen. Dieses würde sich das ganze Jahr über als korrekt und nützlich erweisen. Außerdem wäre damit zu verhindern, daß die fertigen Kleidungsstücke aussehen, als kämen sie aus dem "Verleih".

Ich versuche zu berichten, nicht zu predigen, aber dennoch muß ich den Leser daran erinnern, daß man Hemden stets mit einem steifen Stehkragen trägt, alle anderen Arten von Kragen sehen einfach furchtbar aus. Hemden mit angenähtem Kragen sind völlig inakzeptabel; am schlimmsten aber sind die Eckenkragen.

Ich erinnere mich, daß die Höflinge der Queen, die ihre Fräcke mit einer Leichtigkeit tragen, die Sie oder ich einem Blazer geben, gestärkte Umlegekragen trugen, die auf die altmodische Weise mit Kragenknöpfen am Hemd befestigt wurden. Tatsächlich gibt es auch keine Alternative. Das Hemd selbst kann gemustert oder auch einfarbig sein. Allerdings sollte es möglichst nicht weiß sein: Ein Konstrast zum weißen steifen Kragen ist sehr angenehm. Selbstverständlich muß auch die Krawatte harmonieren. Sie sollte aus der prächtigsten Seide sein, die sich erstehen läßt, gewebt und nicht bedruckt. Das unentbehrliche farbige Taschentuch sollte ebenfalls aus Seide sein.

Einen Zylinder zu tragen, ist sicher nicht einfach. Nicht zum ersten Mal komme ich darauf zu sprechen, daß es wünschenswert ist, sich ein Kleidungstück nach Maß anfertigen zu lassen. Die Anfertigung eines Hutes wird gewöhnlich bei einem Hutmacher in Auftrag gegeben. Dieser setzt eine Hutform auf den Kopf des Kunden und stellt anhand dieser Hutform anschließend den Hut her. Mit einem maßgefertigten Hut werden Sie sich wohlfühlen. Sie können ihn wie eine Krone hoch auf dem Kopf tragen, anstatt tief auf den Ohren wie einen Kerzenlöscher.

Wollen Sie sich einen Zylinder leihen, achten Sie darauf, daß Sie ihn etwas über die Nase neigen, nie in die Richtung des Hinterkopfes. Er sollte eher etwas zu klein als zu groß aussehen. Die grauen Zylinder, die heutzutage in vielen Geschäften angeboten werden, haben einen niedrigen "Kopf" – und lassen Sie wie den Portier eines provinziellen Hotels in Holland aussehen, wenn Sie nicht aufpassen. Der feinste Zylinder ist zweifellos der aus schwarzer Seide. Allerdings ist er schwer zu pflegen; es läßt sich kaum verhindern, daß seine Oberfläche im Laufe der Zeit Schaden nimmt. Man kann ihn meiner Ansicht nach das ganze Jahr über tragen, ein grauer Zylinder sieht dagegen im Winter etwas albern aus. Die einzig wahre Fußbekleidung zu einem Frack sind selbstverständlich Stiefel. Heutzutage werden Sie allerdings auch nicht von der königlichen Anlage gewiesen, wenn Sie schlichte schwarze Halbschuhe tragen.

Für Zeitgenossen, die beschließen, sich für ihre Hochzeit nicht mit geliehener Kleidung auszustaffieren, empfinde ich aufrichtige Bewunderung. Tragen Sie ruhig, was Ihnen gefällt, aber nur, wenn es die Familie und Sie selbst – vor allem aber die Braut – glücklich macht. Für die Braut ist das kunstvollste Brautkleid und die längste Schleppe gerade recht. Ich persönlich glaube nicht, daß Sie in einem guten dunkelblauen Anzug, oder sogar in einem Blazer, der allerdings mit Hosen aus demselben Material kombiniert werden sollte, unangemessen aussehen. Mein Vorschlag wäre es, daß Sie alles auf eine Karte setzen und sich ein feines Hemd anfertigen lassen, zu dem Sie einen steifen Umlegekragen und eine schicke Schleife tragen. Wählen Sie keine weiße, sondern eine dunkelrote Nelke und achten Sie darauf, daß Sie ein Knopfloch haben, in das Sie diese stecken können. Bitte weder Silberpapier noch Grünzeug.

Meine besten Wünsche für Ihr zukünftiges Glück.

X

HAARE

"Wer die Manieren des Affen und die
Gewohnheiten des Bären übernimmt,
der gibt sich dem lauten, unschicklichen
Spaß hin und bürstet sich nie das Haar."

HILAIRE BELLOC

Den Älteren sei geraten, die Kleidung der Jugend nicht zu
kritisieren; dies macht alt. Ich möchte mich nun dem Haar
zuwenden – natürlich dem auf dem Kopf. Es ist das gute
Recht der Jugend, sich durch Kleidung auszudrücken. Aber
Kleidung muß erst gekauft werden. Das Haar hingegen ist
vorhanden, ein freiwilliges Geschenk der Natur; Jungen
und Mädchen können damit machen, was ihnen gefällt.
Es ist äußerst deprimierend, wenn ich sehe, wie sie es mit
Dauerwellen bis zur Leblosigkeit strapazieren oder es zu
regelrechten "Löwenmähnen" föhnen. Mir wurde gesagt,
man nenne dies "knautschtrocknen". Selbstverständlich ist
es eher Sache der Mädchen als die der Jungen. Die Idee,
sich auch als Junge auf diese Weise das Haar zu frisie-
ren, so erzählte man mir, stamme von Profispielern des
'American Football'. Es gibt eine Reihe von vergleichba-
ren Fällen. Brummell war sicher nicht der einzige Dandy,
der die Brennschere erduldete. Heute ist es zu einem festen
Bestandteil der Straßenmode geworden. Meiner Ansicht
nach etwas 'naff'.

Die meisten Zeitgenossen, die in den 70er Jahren lange
Haare trugen, haben diese inzwischen abgeschnitten. Dem
Beatles-Haarschnitt begegnet man noch ab und zu, mei-
stens bei ergrauten Herren, die sich von der Mode ihrer

Jugendzeit nicht trennen können. Glücklicherweise konnte sich die Mode mit dem Sport anfreunden. In Wimbledon hat Borg sein Haar während vieler Jahre zu lang getragen. Agassi sieht heute furchtbar aus und hat sein Versprechen nicht gehalten. Sampras spielt wie ein Gewinner, und er sieht auch so aus. Ebenso Stich. Der Bürstenschnitt ist weit verbreitet, meistens unter amerikanischen Generälen und Akademikern.

Der neue klassische britische "Look" erfordert klassische Haarschnitte. Zum Glück gibt es viele Anzeichen dafür, daß Männer aller Gesellschaftsschichten darauf Wert legen, ihre Köpfe so aussehen zu lassen, als hätten sich ihnen erfahrene Friseure gewidmet. Den alten Haarschnitt – Nacken und Seiten kurz – trägt man nicht mehr. Zwar ist der Nacken noch kurz, die Seiten jedoch nicht. Das etwas längere Haar an den Seiten wird nach hinten gekämmt und leicht angehoben, dadurch erhält man die sogenannten "Flügel". Brillantine und andere Pomaden erleben ein Revival.

XI

SAVILE ROW

Der japanische Begriff für Anzug lautet
'sebiro'.

背 広

Wohl jeder Besucher Londons kennt 'Picadilly Circus', in
seiner Nähe findet man die 'Royal Academy', ein stattli-
ches Gebäude. Früher diente es der Familie Burlington als
Residenz. Das Land dahinter, heute ein dichtes Netz von
Straßen, gehörte zu ihrem Garten. Obwohl eng mit dem
3. Earl of Burlington verbunden, war die Gegend nie Eigen-
tum der Familie. Sie schloß mit verschiedenen Besitzern
langfristige Pachtverträge. Der 3. Earl erbte das eindrucks-
volle Haus, die Gärten und das gepachtete Land 1703/04. Er
machte sich einen Namen als Förderer der Künste und baute
'Chiswick House', das man heute noch im Westen Londons
findet. Die Gärten sind der Öffentlichkeit zugänglich. Es
handelt sich um eine kleine aber wundervoll gestaltete Villa, gebaut, um eine Gemäldegalerie und eine Sammlung
von Statuen in den Gärten zu beherbergen. Obwohl der
gute Graf große Besitzungen von Vater und Großvater erbte und die wohlhabende Tochter des 'Marquess von Hali-
fax', 'Lady Dorothy Savile', heiratete, geriet er durch seine
vielfältigen Interessen und seine Habgier recht schnell in
einen finanziellen Engpaß. Es verwundert deshalb nicht,
daß er dem Plan eines Beraters, das Gelände hinter 'Burlington House' zu bebauen und zu verpachten, großes Interesse entgegenbrachte. Und so machte man sich 1718 an die
Arbeit. Die Häuser entstanden, wo man heute 'Old Burlington Street', 'Cork Street' und 'Cliffort Street' findet.

Lord Burlington achtete sorgsam darauf, daß die Gebäude dem strengen Palladium-Stil folgten – einer klassischen Architektur nach italienischen Vorbildern.

Das elegant wirkende Projekt war so erfolgreich, daß man weitere in Angriff nahm, und 1782 wurde die heutige 'Savile Row' (genannt nach der bereits erwähnten Frau des 3. Earl) errichtete. Festzuhalten ist, daß die Häuser nur auf der Ostseite der Straße entstanden. Sie wiesen einen einheitlichen Baustil auf, und so änderte man 'Savile Street', so der ursprüngliche Name, in 'Savile Row' (1802). Auf der Westseite der Straße befanden sich die rückwärtigen Eingänge der Gärten von Häusern an der Ostseite von 'Old Burlington Street'.

Alle Häuser dieses aristokratischen Projekts waren von eleganter Erscheinung und wurden von niederem und höherem Adel bewohnt. Die Namen der Bewohner hielt man sorgfältig fest. Gegen Ende des 18. Jahrhunderts jedoch verlagerte sich der vornehmere Teil der Stadt nach Westen. Man folgte dem Geschmack der Gebrüder Adam nach 'Grosvenor Square'. Die Häuser von 'Savile Row' waren solide und schlicht, ganz der Zeit George II. entsprechend. Als ein Zeichen für die sinkende Attraktivität der Gegend darf man den Einzug des berühmten Dramatikers 'Richard Brinsley Sheridan' nach 14 'Savile Row' 1813 (er lebte hier bis zu seinem Tod 1816) ansehen. Er ließ sich hier nieder, weil die Straße wenig gefragt und daher preiswert war. Er befürchtete, ihm würde das Geld ausgehen. Nun, bei seinem Tod stellte sich dies als falsch heraus. In den nächsten Jahren zeigen sich kaum Bewohner von hoher Geburt, dafür Dentisten und Doktoren. Sie waren zumeist von hohem Ansehen, unter ihnen auch der Leibarzt Königin Victorias.

Im 19. Jahrhundert tauchten die ersten Schneider in der Gegend auf. 'Henry Poole & Co.', so lesen wir (Survey of London Vol. XXXII), "war eine der ersten Firmen, die ihre

Geschäftsräume hier bezogen. In der zweiten Hälfte des 19. Jahrhunderts entwickelte sich der Name der Straße zu einem Synonym für Maßschneiderei schlechthin." 'Henry Poole & Co.' residieren heute in 15 'Savile Row'.

Heute findet man etwa 20 Maßschneidereien in 'Savile Row' und etwa zehn weitere in den Nebenstraßen. Man trifft ferner auf Stoffhändler und Firmen, die Zubehör wie Futter und Knöpfe liefern. Hersteller von Pullovern und Pyjamas verfügen über 'Showrooms'. Einige Läden verkaufen Herrenkleidung von der Stange und 'last but not least' findet man Herrenausstatter vom alten Schlag, die von Ignoranten für altmodisch gehalten werden, weil sie sich um Qualität und korrekten Stil bemühen. Der Autor drang in diese Welt der Männer 1946 ein – mit einem Damensalon. Seine Wahl fiel auf Nr. 14, ein Haus mit einer Fassade, ganz nach Lord Burlingtons Geschmack, allerdings durch eine Bombe schwer beschädigt. Eine Vielzahl der von Burlington errichteten Häuser sind durch die großen Schaufenster der Läden verunstaltet worden. Es ist leicht, dies zu bedauern und darüber zu vergessen, daß die Schneider ihre Räumlichkeiten als Geschäfte ansehen müssen. Die Achtung, die 'Savile Row' weltweit entgegengebracht wird, bestätigt dies.

Faszinierend liest sich die Geschichte von 'Burlington House' nach dem Tod des 3. Earls und seiner Frau; sein durch Heirat bedingter Wechsel in den Besitz der Familie Cavendish, der Bau der 'Burlington Arcade'; der Wiederaufbau eines Gartens und der neuen Fassade in Viktorianischer Zeit und schließlich die Einrichtung der 'Royal Academy'. Ebenso facettenreich sind die Wandlungen des in engster Nachbarschaft gelegenen 'Melbourne House'. Im frühen 19. Jahrhundert wurde es in Appartements verwandelt, und so entstand das berühmte 'Albany'. Alle heutigen Besucher sollten sich vor Augen führen, daß das Gelände hinter 'Burlington House', das nun dem 'Museum of Mankind' Platz bietet, ursprünglich den Garten von 'Burlington House' bildete. Das nördlich an den Garten anschließende Areal besaß, wie erwähnt, die Familie Burlington nie. Folglich blieben die Häuser in 'Savile Row' im Besitz der ursprünglichen Eigentümer, von denen Lord Burlington das Land gepachtet hatte.

Aber genug der Geschichte. Eigentlich wollte ich die Welt nur darauf aufmerksam machen, daß der korrekte Begriff für den Anzug des Herrn in Japan 'sebiro' ist, englisch 'Savile Row' geschrieben. Dabei handelt es sich um nichts anderes als die japanische Aussprache von 'Savile Row'.

In den 30er Jahren, vor dem Zweiten Weltkrieg, gab es noch Gentlemen, wie den 'Prince of Wales', die Zeit und Geld bei ihrem Schneider ließen. Sie wünschten sich das Erscheinungsbild der Herrenkleidung und die Haltung zu Kleidungsfragen etwas informeller, ungezwungener. Sorgsam waren sie darauf bedacht, Traditionen nicht in schroffer Weise zu verletzen.

Nach dem Krieg gab es keinen Gentleman mit genügend Enthusiasmus und Autorität, um Einfluß ausüben zu können. Ihre Funktion wurde von "Designern" übernommen. Einer von ihnen war ich. Wir beschäftigten uns mit "Kleidern von der Stange". Wir wurden Teil der Kleidungsindustrie in der Heimat und in Übersee.

Ich habe geschildert, wie ich mich bemühte, die Schneidertradition von 'Savile Row' auf 'Hepworth' zu übertragen – nicht ohne Erfolg. In 'Savile Row' fand sich ein Mann namens 'Tommy Nutter' ein. Seine Maßanzüge zeigten in bewundernswerter Weise die neuen Entwicklungen der 'Peacock Revolution' – weite Schultern, schmale Taillen, den ausgestellten Schoß des Jacketts und lange Rückenschlitze. All dies war Teil des neuen "Dandytums". Es fügte sich sicher und gekonnt in die lebhafte Atmosphäre der Straßenmode von 'Carnaby Street'. Der englische Anzug der 70er Jahre hätte das Wohlgefallen von Brummell oder Wyser nicht gefunden.

Mit einer gewissen Zufriedenheit können wir den heutigen Lauf der Dinge betrachten. Es besteht ein Verlangen, dem Standard von traditionellen Maßanzügen zu folgen.

Nun also, meine Freunde – und sie sind seit vielen Jahren meine Freunde –, Ihr Schneider von 'Savile Row' müßt mit Bestellungen von Gentlemen rechnen, die etwas Klassisches wollen, nichts Veraltetes – also "keinen Anzug wie den letzten". Klassisch, so fürchte ich, heißt in der Welt der Herrenkleidung üblicherweise einem zwanzig Jahre alten überlebten Stil anzuhängen. Ein Einreiher mit zwei Knöpfen, einer in der Taille geschlossen, der andere offen, dem Abstich des Reitanzugs folgend; doppelte Schlitze im Rücken. Wer abwechslungsreich ist, wird vielleicht über einen Zweireiher, ebenfalls mit zwei Schlitzen, verfügen. Wunderschön geschnitten, hergestellt und – ich bedaure es anmerken zu müssen – zumeist zu eng.

Für den Schneider von 'Savile Row' sollte der Augenblick gekommen sein, seine Fähigkeiten selbstbewußt zu präsentieren. In der Welt der Herrenkleidung, ich meine die Vereinigten Staaten, Deutschland, Frankreich und vor allem Italien, finden sich Anzeichen (bei den klügeren Firmen), daß Wandel vonnöten ist – man klebt zu lange am Althergebrachten. Der Handel ist kläglich. Die Öffentlichkeit will begeistert werden. Der Trend geht zu einem größeren, weiteren Anzug im Rahmen des Konventionellen. Um ein Jackett auf bewährte und elegante Weise schließen zu können, muß es drei Knöpfe aufweisen – allerdings wird nur der mittlere Knopf geschlossen. Die anderen beiden Knöpfe bleiben offen, was dem Ganzen ein korrektes, aber lässiges Aussehen verleiht. Der Dreiknopf-Einreiher ist jedenfalls nie unmodern geworden: Es gibt Gentlemen, die schon seit den 50er Jahren kontinuierlich diese Jacketts ordern, lange bevor die taillierten Modelle, solche mit Schoß oder Schlitzen aufkamen. Langsam aber ist es wohl Zeit für einen neuen "Look". Also geht man, im Zuge des Trends, zu höher schließenden Jacketts, dazu über, Einreiher mit vier oder sogar fünf Knöpfen anzufertigen. Hier werden die beiden mittleren Knöpfe geschlossen, während der oberste und unterste Knopf offen bleibt.

Wichtig ist, daß das Jackett bei einer solchen Knopffront eine bequeme Paßform aufweist. Es darf nirgendwo zu eng sein. Das bedeutet auch, daß die Schultern so weit wie möglich sind. Alles sollte glatt und weich sein. Für den entsprechenden Zweireiher sind sechs oder acht Knöpfe vorgesehen, die alle benutzt werden können. Die Knopffronten lassen sich auf die wahren Ursprünge des Anzugs ('Lounge Suit') zurückführen: auf den Jagdanzug beim Einreiher und die Seemannsjacke beim Zweireiher. Dies können wir wirklich klassisch nennen. Wir, die Briten, verstehen uns besser darauf als irgend jemand sonst auf der Welt; und die Schneider von 'Savile Row' wissen all dies besser zu fertigen als irgend jemand sonst. Ruhmreiche 20 Jahre liegen vor uns.

XII

ENGLISH STYLE

'Grandeur' und 'Informality'
GERVASE JACKSON STOPS

Wir sollten, so denke ich, auch über das Umfeld sprechen, in dem sich ein Engländer in seinem Anzug bewegt. Häuser lagen den Engländern, und selbstverständlich Iren, Schotten und Walisern, immer am Herzen. Das wöchentlich erscheinende 'Magazin Country Life' floriert seit 90 Jahren. Über 53.000 Exemplare werden jede Woche verkauft und begierig von einer dreimal so großen Leserschar verschlungen. Auf zwei Drittel der Seiten findet man Anzeigen, versehen mit ausgezeichneten Fotos, über die Makler Häuser anbieten. Das Magazin verfügt über festangestellte und freie Redakteure von erstaunlichem Wissen und erfrischender Intelligenz. In jeder Ausgabe wird üblicherweise ein Haus irgendwo auf den Britischen Inseln (selten, aber gelegentlich auch außerhalb) auf das genaueste in seiner architektonischen und historischen Bedeutung beschrieben. Die Anzeigen werden sorgsam gelesen, natürlich von Leuten, die sich mit dem Gedanken tragen, ein Haus zu kaufen, aber auch von vielen, die sich nur über das Marktgeschehen informieren wollen.

Alte Häuser werden hochgehandelt. Gebäude aus der Elizabethanischen- und Stuart-Zeit versetzen jedermann in Ehrfurcht, aber der Wunsch, sie zu besitzen, wird durch die Sorge um die Instandhaltung in Grenzen gehalten. Derartige Häuser wurden für Adlige und reiche Kaufleute errichtet. Am meisten begehrt sind die Häuser aus dem späten

17. Jahrhundert. William III., ein Niederländer, Mutter und Frau waren Engländerinnen, brachte niederländischen Geschmack. Man zeigte Eleganz.

Die Häuser mußten elegant und luxuriös sein. Landhäuser wohlhabender Farmer und Händler mit gut gegliederten Fassaden, die Fenster wohl plaziert, mit nicht allzu großen Gärten, sind bester englischer Stil. Sie werden selbstverständlich von Angehörigen der höheren Schichten bewohnt. Aber in Großbritannien liebt man noch immer etwas Pomp, und so versuchen sich die unteren Schichten im Kopieren.

Im 18. Jahrhundert baute man mehr Häuser als im 17.. Sie werden ebenso gepflegt und gehegt wie die aus der 'Regency'-Zeit. Viktorianische Häuser bereiten mehr Probleme, und am meisten gesucht sind Pfarrhäuser, sie haben sich als zu groß für das bescheidene heutige Salär erwiesen. Die Häuser aus der Zeit Edwards VII. werden wegen der Qualität des Materials und der sorgfältigen Verarbeitung geschätzt. Überall im Land erweist man der Vergangenheit Respekt. "Moderne" Architektur findet auf dem Lande keinen Anklang; man toleriert sie allenfalls in der Stadt. 'English Style' ist ohne Landleben undenkbar. Ein Mann mit Ansehen ist immer bestrebt, ein Haus auf dem Lande zu besitzen; dafür scheut er weder Mühe noch Geld. Man behält eine Mietwohnung für sich und seine Frau oder lebt zur Untermiete bei Verwandten. So verfährt man in London, der Stadt der grünen Parks, Plätze und "Gärten". Die letzteren sind eher für die Wohlhabenden.

Die weniger vom Glück Verwöhnten wohnen in den Reihenhäusern der Vorstädte, alle verfügen über einen Garten, zumeist vor und hinter dem Haus. Seit Elizabethanischen Zeiten haben sich die Wohlhabenden an Gärten erfreut. Später wurde viel von denselben Leuten zerstört, durch die Anlage von französischen Gärten und kunstvollen Beeten in symetrischen Figuren. Schließlich endete dies in den sorgfältig angelegten 'le jardin anglais'. Die Zeit der Anglomanie war angebrochen und mit ihr die Geburtsstunde des englischen Anzugs.

Der Aufstieg der Mittelschichten, ja sogar der Unterschichten, nach der Reformgesetzgebung von 1832 könnte den Eindruck erwecken, die Reformen seien der Grund für die Entwicklung gewesen. Aber diese Gesetze waren nichts anderes als der Versuch, sich dem Unvermeidlichen zu fügen. Ebenso zwangsläufig begann die aristrokatische Kleidung zu verschwinden. In mehreren Etappen, über Frack und 'Morning Coat', zeigte sich der klassische dunkle Anzug, das Gewand von Herr und Frau Jedermann am Horizont.

Gärten entwickelten sich zu einer ernsten Beschäftigung der Mittelschichten. Diese schlossen sich damit den Leuten auf dem Land an, deren Frauen schon jahrhundertelang die Gärten ihrer Hütten gepflegt hatten, und den Bergleuten, die seltene Blumen hegten. Verlassen wir die Geschichte, werfen wir einen Blick auf die zahllosen Gartenzentren, führen wir uns die Menschenmengen der 'Chelsea Flower Show' vor Augen, lassen wir uns von Bedeutung und Wohlstand der 'Royal Horticultural Society' beeindrucken. Gärten sind von kaum zu unterschätzender Bedeutung im Leben der Briten. Gärten sind die Basis für eine florierende Industrie. Die Liebe zu Gärten geht quer durch die Gesellschaft: Herzöge und Dressmaker streifen Schulter an Schulter mit vielen anderen durch Blumenshows überall im Land. In der Vorliebe für bestimmte Blumen zeigt sich die soziale Schichtung gleichwohl.

'English Style' läßt sich nicht diskutieren, ohne auf die sozialen Schichtung einzugehen. Unsere geliebte Monarchie, davon war bereits die Rede, gründet sich fest auf dem Erstgeburtsrecht. Die Queen besitzt Portraits ihrer Ahnen, beginnend mit "Elizabeth von Böhmen", die 1596 geboren wurde. Die entzückende Dame war eine Stuart, aber sie stammt in direkter Linie von Henry VII., der ein Tudor war. Ebenso wie der Anzug ist sie von untadeliger Herkunft.

Das lebhafte Interesse an unserer königlichen Familie, in der internationalen Presse mehr als deutlich, weist daraufhin, daß man sie als den Eckpunkt der Gesellschaft betrachtet. Wenn die Welt so denkt, wie denken wir Briten? Die Königin ist immer noch für alle Auszeichnungen zuständig. Der ererbte Status bleibt unangetastet und, um die Machtstellung zu bewahren, werden die von niederer Geburt als Belohnung für Verdienste dem Staat gegenüber geehrt. Ebenso berücksichtigt wird der Gedankenfluß von Genies als Ehrerbietung gegenüber dem Drang zu neuen Ufern. Aber diese Ehrungen können nicht vererbt werden.

Wenn man den sorgsamen Blick auf Rang und Namen für unzeitgemäß und dekadent hält, so gilt dies auch für 'English Style'. Die Bibel der vornehmen Abstammung ist das Buch 'Debrett's Peerage and Baronetage', begründet 1769. Auf über 2.000 Seiten, alle fünf Jahre neu aufgelegt, stellt es nichts anderes dar, als ein 'Who is Who' des Adels. 50 Seiten widmet man der königlichen Familie. Herzöge und Barone, männliche und weibliche, werden aufgeführt. Barone sind erbliche Rittertitel. Ritter werden nicht berücksichtigt, ihre Titel sind nicht vererbbar.

Engländer sind sehr bekümmert um die Art und Weise, wie ihre Sprache benutzt wird. Bereits mit einem Satz zeigt ein Mann, welcher sozialen Schicht er angehört. Dialekte, besonders aus Schottland und Nordengland, sind nicht unbeliebt. Ihrem Klang billigt man Ehrlichkeit und Direktheit zu. Adlige Vornehmheit und besonders das Gejammere aus einer Londoner Vorstadt haben es wesentlich schwerer.

Kehren wir noch einmal zurück zu Gärten und Blumen. Was wäre der englische Garten ohne Rasen, ein sanfter und grüner lebender Teppich, hervorgebracht und gehegt in unserem gemäßigten Klima. Im Überschwung der Begeiste-

rung der Viktorianer für ihre Gärten wurden in viele Ra-
senflächen Beete eingefügt, besonders in Hausnähe. Heute
kehrt man eher zurück zur aristokratischen Schlichtheit:
einfach Rasen und Bäume. Blumen werden in besonderen
Blumengärten gehegt, abgetrennt durch Steinwände oder
Hecken. Solche Blumenbeete haben mit Bedacht angelegte
Kieswege, eingefaßt mit Buchsbaum. Staudenrabatten er-
muntern die Damen, sich über Farbzusammenstellungen zu
unterhalten und Blumen nach optischen Gesichtspunkten
zu pflanzen. Die Gärten werden kleiner und man neigt dazu,
einzelne Blumen zu bewundern und ihre Vorzüge zu diskutieren. Mehr und mehr Blumen werden angepflanzt, nicht
um sich an ihnen zu erfreuen, sondern um sie zu pflücken.
Die Engländer können damit auf angenehme Weise ihre
Vorliebe für Blumen zum Ausdruck bringen.

In diesem Buch ist oft von "Geschmack" (taste) die
Rede. Ein schwieriges Thema, fürwahr. Aber wenn ich es
recht sehe, kann man in der Wertschätzung für Blumen
die englische Antwort auf die Forderung nach Einfachheit
sehen – Schlichtheit in Form und Farbe. Wir haben eine
Abneigung gegen alle Übertreibungen, stammen sie von
Gärtnern oder Züchtern. Erwähnt sei, daß jeder Gärtner, der
etwas auf sich hält, auch einen Wildgarten hütet, der natur-
belassenen Blumen ein ungestörtes Wachstum ermöglicht.
Gartenblumen ernten große Bewunderung, wenn sie zarten
Wildblumen ähneln. Das wilde Stiefmütterchen, 'Viola Tri-
color', ist bei weitem beliebter als das gewöhnliche Garten-
stiefmütterchen. Selbstverständlich gibt es keine häßlichen
Tulpen, aber heimische, wie die kleine 'Lady-Tulip', sind
die hübschesten. Auch die nahezu wilde 'Tenby-Narzisse'
ist viel attraktiver als die aufdringlichen Farben und Formen einiger neuer Züchtungen, vor allem mit rosafarbener
Mitte.

Die große Liebe der Briten sind Rosen. Ich erlaube mir
wiederum nur über meinen eigenen Geschmack, nicht den

der Allgemeinheit, zu sprechen. Die meisten Menschen wünschen sich eine Rose, die problemlos wächst, monatelang blüht und sich nach dem Pflücken im Wasser möglichst lange frisch hält. Nun, man erwirbt Geschmack hauptsächlich durch Erziehung. Die Vorstellung einer schönen Rose folgt den Darstellungen auf Gemälden. Zu nennen wären 'Henri Fantin-Latour' und 'Redouté'. Ein Strauß Rosen soll nach englischer Auffassung so aussehen wie auf derartigen Bildern. Eine perfekte Rose muß es wert sein, gemalt zu werden, und sie muß angenehm duften. Blumen in einem englischen Haus müssen so aussehen, als kämen sie aus dem Garten, keinesfalls aus einem Blumenladen. Und die Blumen eines englischen Gartens müssen den Eindruck vermitteln, als würden sie dort wachsen, seit 'King William' und 'Queen Mary' sie aus den Niederlanden mitbrachten.

Verlassen wir nun den Garten und betreten das Haus. Räume, in denen Engländer sich wohl fühlen, müssen über einen offenen Kamin verfügen. Dies ist der Mittelpunkt, davon lebt der Raum. Brennholz sorgt für Stil und den richtigen Geruch. Ist dies unmöglich, so mag es eine der durchaus gelungenen, mit Gas betriebenen Nachbildungen tun. Verfügt man nur über einen Kamin im Haus, so trifft man sich hier. Dies führt zu der immer gleichen Einrichtung: ein Sofa und zwei Sessel. Als Abwandlung erhält man: zwei Sofas – eins auf jeder Seite des Kamins – und zwei Sessel in der Mitte.

Damit nähern wir uns einer wichtigen Dimension guten Stils. Ein englisches Wohnzimmer ist ohne einen Kamin undenkbar. Hinzuzufügen ist, daß die Möbel, Sofa und Sessel, nie mit demselben Material bezogen sein dürfen. Wurde für die Sessel 'Chintz' gewählt, dann muß das Sofa einfarbig oder gestreift bezogen sein. Dies hat einen einfachen Grund. Nichts soll den Eindruck erwecken, es sei gekauft. Sie haben es ererbt. Glücklicherweise finden Sie den Schreibtisch ihrer Großmutter oder den Sessel ihres Großvaters in einem der zahlreichen Antiquitätenläden. Nur die Engländer sind stolz auf gestopfte Tischtücher. Man zeigt, daß man noch über Hauspersonal verfügt, mit Zeit, das Tischtuch aus der Aussteuer der Mutter zu stopfen. Wie steht's um die Dame des Hauses? Sie, die heute erklärt, sie möchte keinen Teppichboden im Haus, sondern poliertes Parkett und Läufer; die keine kunstvoll dekorierten Fenster mit drapierten Querbehängen will, sondern lieber einfache Holzringe, die gemusterte Samtvorhänge halten; die 'Chintz' zum Abdecken der Sofas kauft und die Blumen vom Lande mitbringt, um sie in eine breite Vase zu stecken, tunlichst darauf bedacht, sie nicht "arrangiert" aussehen zu lassen – was trägt sie wohl?

Nun das ist recht einfach. Ebenso wie die Räume ihres Hauses einen ehrwürdigen Anschein vermitteln, so soll ihre Garderobe den Eindruck vermeiden, sie sei soeben erstanden. Selbstverständlich muß sie sich in tadellosem Zustand befinden. Alles muß den Eindruck vermitteln, ein Dienstmädchen sei im Haus. Eine englische Dame aus gutem Haus trägt Kleider, angefertigt von einem der besten Schneider – der Mode folgend, die vor zwei Jahren aktuell war. Die Maßanfertigung muß den kritischen Blicken des Ehemanns, geschult in 'Savile Row', standhalten. Die Dame trägt ihre Kleidung im Bewußtsein, daß sich in ihrer Garderobe für jede Gelegenheit das passende Kleid befindet. Es darf nicht der Eindruck entstehen, daß sie jemals auf der Jagd nach etwas Besonderem gewesen sei – oder nur mit dem Gedanken gespielt hätte. Ihre Garderobe umfaßt Besonderes und die entsprechenden Juwelen.

'English Style' auf 'Understatement' zu reduzieren hieße, die Nonchalance, die typische Lässigkeit, zu übersehen. Sie ist unabdingbar und verdankt sich der Selbstsicherheit. Damit läßt sich im schlimmsten Fall fast alles ertragen. Produkte, etwa italienischer Designer, lassen ihre

Träger wie Neureiche aussehen, die sich mit Geschick und Energie auf der 'bella-figura-Szene' hervortun wollen. Die besten Beispiele für 'English Style' findet man auf privaten Parties, auf Bällen – von denen die Presse erbarmungslos ausgeschlossen bleibt. Hier wird der Familienschmuck mit Selbstverständnis und Anmut getragen.

Ein großer Repräsentant des 'English Style' im Bereich der Mode war Edward Molyneux. Er gab seine Geschäfte in London und Paris 1950 auf und verstarb 1974. Wohl die meisten Menschen haben nicht einmal seinen Namen gehört. Er war der größte englische Designer seit Worth. 1919 eröffnete er sein Geschäft in Paris. Die Armee hatte er mit Auszeichnung verlassen, als Belohnung für ein verlorenes Auge. Nichts ging ihm über Schlichtheit: Für den Tag weiche Stoffe, eher etwas rauh im Griff; für den Abend: schlichtes wertvolles Satin, Samt oder Crêpes. Seine Stadtkleidung war so schlicht, daß sie auch auf dem Lande nicht auffiel. Seine Country-Kleidung war unaufdringlich in den Farben und korrekt im Schnitt, so daß sie auch in der Stadt gefallen konnte.

Alles war unsentimental: durchdacht und dauerhaft. Es war die Zeit der trockenen Martinis. Molyneux war ein mehr als guter Maler. Er verfügte zudem über eine große Sammlung Impressionisten und das notwendige Wissen. Eine sentimentale Beziehung hatte er weder zu seiner Sammlung noch zu seinem Haus in Paris – noch zu seinen Geschäften in London und Paris. Er schloß sie ohne jegliche Abschiedszeremonie. Die letzten Jahre in Südfrankreich scheint er als einsamer Mann verbracht zu haben, beim Dinner oft nur in Gesellschaft seines Hundes. In seiner Ich-Bezogenheit erscheint er unenglisch, in der Tat war er irischer Abstammung. In seinen Kleidern spiegeln sich die zentralen Elemente des 'British Style': Qualität und Komfort.

Jemand, der auf Reisen ist, sei es geschäftlich oder zum

Vergnügen, neigt dazu, ein Land nach seinen Hotels und Restaurants zu beurteilen. Die Briten schneiden nicht besonders gut ab. Die Oberschichten waren an Restaurants nie sonderlich interessiert. Das Vergnügen fand und findet zu Hause statt. Nur so gehts mit 'Style'. Ein Dinner in der Küche, gut vorbereitet, zieht man einem Tisch in dem besten Restaurant vor. Dies gilt auch für London. Ein Restaurant auf dem Land zu besuchen, ist schlicht undenkbar. Wenn man nicht zu Hause ist, findet sich ein Bekannter oder Verwandter. Dies gilt in noch stärkerem Maße, wenn es um Übernachtungen in Hotels geht. Wofür sind Verwandte und Bekannte da, wenn nicht für Übernachtungen?

Die Engländer erfanden die Knauserigkeit und die Amerikaner denken, wir wären knauserig. Natürlich sind wir es. Wir hassen protzige Geldausgaben. Andererseits sind wir sehr gastfreundlich. Die Engländer sind leidenschaftlich an Häusern und Gärten interessiert und selbstverständlich auch an denen anderer Leute. Häuser und Gärten von Wohlhabenden und Adeligen werden Jahr für Jahr von Millionen Besuchern aufgesucht: 11 Millionen Menschen besuchten 1989 Häuser, die unterstützt werden von der 'Historic Houses Association'. Noch bedeutsamer und populärer ist der 'National Trust'. Man kümmert sich um eine Vielzahl von Ländereien, zahlreiche unter Naturschutz. Die betreuten 200 Häuser sind von großem historischen und künstlerischen Wert. Sie stehen, von Stiftungsgeldern unterhalten, dem Publikum offen. Die Besitzer wohnen oft weiterhin in den Gebäuden, zumindest in Teilen, als lebende Denkmäler des 'English Style'.

XIII

TRADITION

"Tradition kann man nicht lernen; nicht
nach Belieben wie eine Richtschnur
benutzen; ebenso wenig wie man sich
seine Vorfahren auswählen kann. Jemand
ohne Tradition und auf der Suche nach ihr,
ist wie ein unglücklicher Liebhaber."

LUDWIG WITTGENSTEIN

Die Bedeutung der Tradition für den Schnitt, die Silhouette
und den Besatz des Anzugs habe ich versucht, ausführ-
lich zu erläutern. Anzug und Hose, wie sie heute von
jedermann täglich getragen werden, gehen auf ein Kleidungsstück zurück, das zum Reiten gedacht war. Ein Mann
war glücklich, seinen Reitanzug Tag und Nacht zu tragen,
damit zeigte er sich als Herr und 'Sportsman'. Als Mann zu
Pferd verwies er auf seinen Wohlstand. Man durfte einen
Landbesitzer in ihm vermuten. Kniehosen, ursprünglich
aus Wildleder und später aus 'Nankeen' (einer Baumwolle
aus Nanking in China, später in Lancashire nachgeahmt)
ließen den Reiter vorteilhaft aussehen. Jeans erfüllen heute denselben Zweck. Ein unübersehbarer Einfluß geht seit
langem vom Sport aus. Und Sport ist aufs engste mit dem
gesellschaftlichen Leben Englands verwoben. Dazu zählt –
für Ausländer ungewohnt – die Jagd, besonders die Treib-
jagd und der Pferdesport. In Ascot begannen 1711 die Pferderennen mit Queen Anne als Schirmherrin, 'Royal Ascot'
von Anbeginn.
   Die Italiener, darauf war hinzuweisen, haben bei aller
Geschäftstüchtigkeit und allem Erfolg keine große Tra-

dition im Schneiderhandwerk. Nach meinem Geschmack sollte es neben dem Wort 'Designer' noch ein anderes geben, um den 'Designer' von Anzügen besser benennen zu können. Man kann ein Kleidungsstück, dessen Aussehen durch die geschichtliche Entwicklung festgeschrieben wurde, nicht wirklich "designen" oder "neu designen". Wenn man sich gegen die Tradition, die im Anzug zum Ausdruck kommt, stellt, geht auch der Anzug verloren.

Ein "Designer" kann sich mit Proportionen beschäftigen: der Länge des Anzugs, der Anzugsjacke, der Schulterbreite, der Plazierung der Knöpfe. Er kann den Zweireiher dem Einreiher vorziehen. Aber dies ist alles andere als einen Anzug zu "designen". Er muß sich begnügen, vorhandene Details zu ändern. Im Grunde kann er nichts anderes tun, als durch ein Gespräch mit sich selbst oder seinen Mitarbeitern eine Situation zu schaffen, wie sie für Beau Brummell oder Edward VIII. und ihre Schneider gegeben war. 'Arbiter' wäre ein passender englischer Begriff – unter dem sich aber z.Z. niemand etwas vorstellen kann. Gleichwohl, es ist ein passendes Wort. Das 'Oxford English Dictionary' hält fest: "ein Richter; Schiedsrichter; jemand der den Trend bestimmt".

Die hier gemachten Darlegungen stammen nicht von einer Person, die aus den Oberschichten stammt. Ich wurde in einem Mietshaus in 'Maida Vale' geboren. Meine Mutter, ein Mädchen vom Land, mit Sinn für gutes Aussehen und Geschmack, arbeitete sich zu einer 'Vendeuse', einer Verkäuferin in einem Bekleidungsgeschäft, das zu den Hoflieferanten zählte, empor.

Mein Vater, zunächst mit Architektur beschäftigt, wurde Bauinspektor des 'London Country Council'. Als ich zwei Jahre alt war, nahm er mich mit ans westliche Ende der damaligen 'District Railway'. 'Alperton' war die dortige, etwas bescheidene Station. Von hier aus fuhren die Züge weiter nach 'Uxbridge' und 'Ruislip'. Während des Ersten

Tradition

Weltkrieges fuhr ich täglich mit dem Zug zur Schule, der
'Latimer School' in Hammersmith, auf deren Schulhof ich
im November 1918, im Alter von neun Jahren, den Sieg
feierte.

Mein Vater kehrte aus dem Krieg zurück und wurde,
inzwischen 'Captain Amies', beauftragt, für den 'London
Country Council' Land zu kaufen und anschließend das
Grundstück in Becontree zu bebauen und zu verwalten.
Der Bahnhof unserer 'District Line' war 'Barking', das so
weit östlich lag wie 'Alperton' westlich. Diese Eisenbahn-
linie, die sich gleich einem Darm durch London hindurch-
schlängelte, ist eng mit Erinnerungen an meine Kindheit
verknüpft. Wenn ich mich mit Kleidung für Herren der
Mittelschicht befasse, vergesse ich sie nie, die Benutzer
unserer 'District Line'.

Seit 40 Jahren lebe ich in der Mitte der 'District Line', in
dem bescheidenen Komfort, den 'Gloucester Road' bietet.
'Bayswater' im Norden ist nah, ebenso die schwindelerre-
genden Höhen von 'Hampstead'. 'Chelsea' im Süden ist
schnell erreicht, ebenso 'Battersea'. Am Rande der Cots-
wolds verfügte ich 20 Jahre über eine bescheidene Zu-
fluchtsstätte. Dort befindet man sich geographisch wahr-
lich im Zentrum von England. Weiter kann man sich von
der See nicht entfernen. Es fällt nicht schwer, nach Norden
oder Süden zu fahren. Ich fühle mich im Mittelpunkt des
Geschehens – ob nun in London oder auf dem Lande.

Als junger Mann lebte und arbeitete ich in Frankreich
und Deutschland, lernte intensiv Französisch und Deutsch.
Ich kehrte nach London zurück und lernte Englisch; Englisch, wie es die oberen Schichten sprechen. Mein Beruf
erlaubte es mir, über 20 Jahre eine Wohnung in New York
zu unterhalten. Von dort konnte ich meine Fühler nach Australien und Japan ausstrecken; auch in den Nachbarländern
fühle ich mich nicht fremd, es ist so, als wenn ich nach Pa-

ris fahre. Die Welt, so scheint es mir, kenne ich recht gut, sie vermittelt mir Glück.

Ich möchte weder unverschämt erscheinen, noch respektlos gegenüber unserem ehemaligen Premierminister Major, und ich bin sicher, daß er seine Äußerung, eine "klassenlose Gesellschaft" anzustreben, bereits bedauert. Leute, klüger als ich, werden anmerken, daß sein Titel ihn bereits über die normalen Parlamentsmitglieder erhebt. Jeder Minister bekleidet ein hohes Staatsamt. 'Prime', so belehrte uns das 'Oxford English Dictionary', meint: "First class; erster Rang; beste Qualität, heute besonders bei Vieh und Lebensmitteln". Nun, er meinte sicherlich Chancengleichheit für alle. Die aber haben wir bereits seit vielen Jahren. Ich bin der lebende Beweis.

Wenn es nach mir geht, so brauchen wir nicht weniger, sondern mehr "Klasse". Im 'Who is Who', jährlich neu verlegt, befinden sich 28.000 Namen. Namen von Lebenden, die sich von anderen unterscheiden – eine Klasse für sich. Mag ihre Anzahl steigen. Mögen ihre Kinder Latein lernen; moderne Sprachen; Geschichte, besonders die ihres Landes. Mögen sie Geschmack entwickeln für Blumen, Gärten, Häuser, Speisen. Mögen sie einstehen für Freundlichkeit und Ordnung. Mögen sie fortfahren, sich im Anzug zu zeigen, wenn "Klasse" gefordert wird.

XIV

HEUTE

"Mag morgen kommen was will, ich lebe
heute."

ODEN DES HORAZ

Zwei Jahre habe ich über dem Manuskript gesessen. Einige
Jahre sind bis zur deutschen Übersetzung vergangen. Dem
Anzug ist währenddessen einiges widerfahren. Man konnte
es auf den Modemessen in Paris (Salon de l'Habilement
Masculin) und anderswo verfolgen. 1993 beherrschte der
Einreiher mit drei Knöpfen die Szene: Die Besucher trugen
ihn, und die Aussteller zeigten ihn. Mit unserer Vorhersage
aus dem Jahr 1985 lagen wir richtig (siehe Abb. 19).

Dem Laien fällt es schwer, die Mode mit ihren Trends
zu verstehen, besonders bei einem so traditionsbeladenen
Kleidungsstück wie dem Anzug. Zyniker sehen in allem ein
abgekartetes Spiel, um ein bestimmtes Design alt aussehen
zu lassen. Dem ist nicht so. Die meisten, die sich mit Herrenkleidung beschäftigen, verabscheuen Änderungen, die
Kunden im mittleren Alter nicht weniger. Beleibte Herren
ebenfalls. "Dies steht mir nicht", pflegen sie festzustellen.
Zu ihrer kräftigen Figur sind sie in dem vorhandenen Anzug gelangt. Neuerungen verunsichern sie.

In meinem Damensalon, 14 'Savile Row', verfüge ich
auch über ein Studio, das sich der Herrenkleidung widmet.
Und dies seit über 30 Jahren. Herren mit Geschmack und
dem nötigen Kleingeld können sich bei uns Anzüge schneidern lassen. Aber unser eigentliches Geschäft besteht in
der Beratung. Wir liefern Entwürfe und Musteranzüge für

große Hersteller von Herrenkleidung in die USA, Kanada, Australien, Neuseeland, Japan, Korea und Singapur. Neben einem festen Honorar sind wir an den Verkaufserfolgen beteiligt. Dieses einträgliche Geschäft hilft uns, den Damen und ihren Töchtern, die uns seit über 50 Jahren die Treue halten, das Beste vom Besten, geschmacklich und handwerklich, zu liefern.

Dieses Buch mag als Beleg dienen, wie sorgfältig wir uns mit der Geschichte auseinandergesetzt haben. Nach unserer Erfahrung ändert sich die Herrenkleidung, und d. h. im wesentlichen der Anzug, alle 20 Jahre. Ein Sohn möchte sich mit 20 doch etwas vom Vater unterscheiden, nicht wahr? Selbstverständlich benötigt auch die Branche den Wechsel, obwohl sie ihn eher widerwillig akzeptiert. Für mehr als 10 Jahre hat der Zweireiher die Märkte dominiert. Ohne Zweifel ein "smarter" Anzug von edler Abstammung, wie gezeigt, mit dem Reitanzug als Vorfahren, begleitet in seiner geschichtlichen Entwicklung von Vettern aus Marine und dem städtischen Leben, das der 'Frock Coat' (Gehrock) einst dominierte. Es blieb Armani vorbehalten, die Knöpfe unterhalb der Gürtellinie zu plazieren, wie es ein Maßschneider nie gewagt hätte. Wir haben einen Blick auf die zwei funktionslosen Knöpfe, die Zierknöpfe, geworfen und empfohlen, sie zum Leben zu erwecken.

Eigentlich verhält sich alles recht einfach. Wenn die Knopfreihe am unteren Ende angelangt ist, gehts wieder nach oben. Die Geschichte zeigt uns, wie weit man gehen kann. Rufen sie sich den 'Deeside Coat' Edwards VII. in Erinnerung, ursprünglich ein Einreiher völlig geschlossen. Wenn Ihnen der Anzug mit zwei Knöpfen allmählich zum Hals heraushängt, so geht's wieder "aufwärts". In der 100jährigen Geschichte des klassischen Anzugs, auch daran mögen Sie sich erinnern, war dem Einreiher mit zwei Knöpfen das längste Leben beschert: der mittlere Knopf an der Taille ist entscheidend, um einen Anzug 'British'

wirken zu lassen. Drüber und drunter je einen Knopf –
unbenutzt, um Nonchalance zu vermitteln.

Die Jahrtausendwende steht vor der Tür, zerbrechen
wir uns also etwas den Kopf über die weitere Entwicklung. Für die feine Art sich zu kleiden, zeichnet sich keine
Alternative ab. Die Dreiknöpfe des Einreihers haben sich
seit langem durchgesetzt. Neue Trends machen sich durch
Kleinigkeiten bemerkbar. Wir gelangen zu vier Knöpfen
und dann zu fünf. Dies scheint mir eine logische Entwicklung (siehe Abb. 20 und 21). Es bedarf großer Erfahrung,
um all dies 'British' wirken zu lassen, ohne sich Probleme
im Brustbereich einzuhandeln. Der oberste Knopf bleibt
selbstverständlich, ebenso wie der untere, offen. Man muß
ein "zugeknöpftes" Aussehen vermeiden. Und plötzlich
finden die Leute, daß der Anzug sie jünger aussehen läßt.

Die Presse, immer um vereinfachende Schlagzeilen
bemüht, wird einen 'Edwardian Look' verkünden. Aber
ein 'Edwardian Look' fordert gestärktes Leinen. Aber dies
wollen wir gerade nicht. Als Material wäre grauer Flanell
zu empfehlen. Der Schnitt sowohl des Einreihers als auch
des Zweireihers wäre weit. Er erinnert mehr an einen Blazer
als an ein Kleidungsstück aus der Zeit Edwards.

Begeisterung stellt sich ein. Der hochgeschlossene Einreiher läutet eine neue Periode ein und löst den Zweireiher ab. Selbstverständlich verschwindet dieser nicht in der
Mottenkiste. Seine Eleganz verhindert dies. Er fügt sich in
die neue Entwicklung, wird ebenfalls hochgeschlossen, die
Zierknöpfe erhalten eine neue Funktion. Damit stehen wir
nicht alleine. Wo sich Niveau und Engagement verbindet,
wie bei 'Paul Smith' und 'Hacketts', findet man die Anzüge
im Laden. Wir beglückwünschen sie.

Zu diesen Jackets trägt man hübsche Hosen mit
schmalgeschnittenen Beinen. Hosenträger zeigen, was in
ihnen steckt. Die Kragen an den Hemden sind noch immer weich und heruntergeklappt, allerdings etwas höher.

Heute

Die neuen Silhouetten eignen sich hervorragend für den Abend. Junge Männer, die zu ihrer Abendgarderobe Hemden mit Eckenkragen tragen möchten, können dies nun tun. Zu weniger hoch geschlossenen Jacketts sehen diese Hemden dagegen 'naff' aus, sie zeigen zuviel "Brust". Am Tage trägt man Krawatten in leuchtenden Farben. Ihre Pracht muß in einem Dreieck von begrenzter Größe strahlen, für phantasievolle Muster ist daher kein Platz – die wirklich "Geistreichen" unter ihnen könnten nicht angemessen zur Geltung kommen. Fliegen sehen besonders gut aus, wenn sie in ein kürzeres Revers eingebettet sind, viel besser, als würden sie sich, bei längerem Revers, isoliert an der Spitze des freigelegten Hemds befinden. Dunkelfarbige Hemden mit weißen Manschetten und weißem Kragen sehen hervorragend aus. Dazu sollte man eine Satinkrawatte wählen. All dies verleiht einen Hauch "Dandy". Dagegen ist nichts einzuwenden.

Man schätzt heute die Freiheit, sich individuell zu kleiden, sogar ohne Geschmack und Stil, wenn es nicht unbedingt verlangt wird. Den einzig neuen Anzugs dieses Jahrhunderts haben wir bereits gestreift. Es ist der Trainingsanzug. Er ist ein großartiges Kleidungsstück – auf dem Sportplatz. Aber er macht sich weniger gut in anderer Umgebung. Das Spiel mit neuen Formen, das zur Aufgabe von Designern gehört, wird durch die Presse erschwert. Entwürfe erhebt man zum neuen Trend. Die Schreiberlinge lieben provokative Schlagzeilen. Ein Anzug, gut geschnitten, sorgfältig anprobiert und aus schlichtem Stoff tadellos genäht, wohl das teuerste Kleidungsstück, das man erwerben kann, ist der Presse kein Bild wert.

Die Kleidung, die das Straßenbild heute prägt, verleitet einem zu manch ketzerischem Gedanken. Bleiben wir wohlwollend; vornehme Zurückhaltung findet man selten. Jeder versucht auf seine Weise, Eindruck zu erwecken. Anoraks, Hosen und weiße Turnschuhe werden von Mann und Frau geliebt. Nichts von 'Upper Class'. Doch "klassenlos" wird damit nichts. Wenn die Kleidung ihre Ausdruckskraft verliert, gilt es, auch auf das Benehmen zu achten. Man verhält sich schon rüde gegenüber den Bewohnern von London, Paris oder New York, wenn man schlecht gekleidet ist. Richtig rüde wird es, wenn man in der Oper, im Theater oder in einer Konzerthalle schlampig aufkreuzt. Es ist rüde gegenüber dem Rest des Publikums und rüde gegenüber den Künstlern. Wenn ihnen ein 'Covent Garden Ticket' 100 £ Wert ist, sollten sie sich auch einen dunklen Anzug leisten können. 'Marks & Spencers' offerieren ihn für 150 £.

Nur der Öffentlichkeit Vorwürfe zu machen, wäre falsch. Die großen Bekleidungsgeschäfte – überall auf der Welt – haben sich wenig um vornehme Herrenkleidung bemüht. Die Wahl eines Anzugs ist eine ernste Angelegenheit; fast so schwierig wie der Kauf eines neuen Teppichs. Wer möchte schon vor zahllosen Anzügen stehen, alleingelassen mit seiner Entscheidung. Man möchte beraten werden, beraten von einem Verkäufer, dessen Geschmack und Urteil man vertrauen kann. Seine Leute zu schulen ist schlicht unerläßlich. Wenn man sich in der Welt der Herrenkleidung weltweit über schlechtgehende Geschäfte beklagt, so kann dies nicht verwundern. Man muß daran erinnern, daß der "Anzug von der Stange" einen Ersatz für den Maßanzug (in allen Details nach ihren Wünschen ausgeführt, einschließlich der Taschen) darstellt.

In der Zukunft dürften die allgemeinen Umgangsformen die Kleidung mehr beeinflussen als jemals zuvor. Ich habe den Anzug "vornehm" genannt. Selbstverständlich – solange vom Tag die Rede ist. Die jungen Leute in meinem Studio, für mich erstaunlich genug, interessieren sich für Abendgarderobe. Auch steife Kragen schätzen sie, Kragen, auf deren Abschaffung Edward VIII. (als 'Prince of Wales') so stolz war. Ein sportlicher Anzug kann selbstverständlich vornehm sein, besonders auf dem Land: beim Umtrunk nach der Kirche oder zum Kirchgang selbst. Als ein Anwalt damit vor Gericht erschien, handelte er sich eine Ermahnung ein: "Hier wird ein Anzug verlangt." Zur Schlüsselfrage wird die Krawatte. Ein Anzug ohne Krawatte wirkt schrecklich. Man kann beim Blazer oder sportlichen Anzug, besonders bei Geselligkeiten unter Freunden, darauf verzichten; niveaulos wird es in der Oper oder im Theater. Es zeugt von respektlosem Verhalten, ohne Krawatte zu erscheinen, wenn man ein Haus das erste Mal betritt. Wenn Sie sich etwas Stolz für Ihr Land oder Ihre Stadt bewahrt haben, versuchen Sie, etwas den Schein zu wahren.

Seit 20 Jahren arbeiten mein Studio und ich mit Japan zusammen. Man bat uns, alles über die Tradition unserer Kleidung zu berichten und davon ausgehend vor Abwegen zu warnen. Zunächst erwies es sich als nicht ganz einfach zu erklären, warum ein Anzug zwei, drei, vier oder fünf Knöpfe aufweist. Traditionelle japanische Kleidung kennt keine Änderung. Die Japaner legen Wert darauf, zur europäischen Zivilisation zu gehören, ohne die eigenen Traditionen, auch hinsichtlich Kleidung, Verhalten und Benehmen, zu verletzen. Es gelang zur beiderseitigen Zufriedenheit. Auf dieser Vertrauensbasis beruhen unsere Verträge. Bis ins Jahr 2009 sind wir im Bereich Damen- und Herrenkleidung mit Entwürfen und Beratung tätig. Das Leben in Japan wird von den Nachbarn sorgsam beäugt. Es handelt sich um Abschlüsse in Korea, Taiwan, Thailand und Singapur. Auch in den USA sind wir aufs Neue im Geschäft.

Folgt nun China? Es geht um ungeahnte Größenordnungen. Selbstverständlich wollen die Chinesen dazugehören. Sie sind bestrebt, die "Mystik" des Anzugs zu verstehen. Man wird ihnen vermitteln oder sie merken es selbst, daß ein Damenkostüm, unvergleichlich beliebt bei Damen, auf dem Anzug des Herrn beruht. Wie immer sich

Hongkong entwickelt, es wird unendlich viele Anzüge geben, man wird sie tragen. Auch wenn es weniger Engländer
geben sollte.

Wenn wir über Zahlen sprechen, so verrät uns die Sta-
tistik, daß um das Jahr 2000 mehr als die Hälfte unserer
Bevölkerung über fünfzig sein wird. Papi weiß um die
Anzüge, aber man bietet ihm immer noch Freizeitkleidung
an, die allenfalls zur Gartenarbeit taugt. Wir müssen ihm
helfen.

Es mag sein, daß wir Briten an Wohlstand eingebüßt
und das Empire verloren haben. Aber wir haben uns einen
ehrbaren und eleganten Lebensstil bewahrt. An der Spitze
unserer sozialen Strukturen steht, allgemein anerkannt, die
Monarchie. Wir sind gesegnet mit einer Königin der vor-
nehmsten Art, die die Launen einiger Familienmitglieder
im Bezug auf Mode und Verhalten vergessen läßt. Die Herren der königlichen Familie tragen bei offiziellen Anlässen,
also fast immer, Anzüge. Sie werden es wohl auch über das
Jahr 2000 tun.

NACHWORT

Es macht mich glücklich, ein kurzes Nachwort für die dritte Auflage meines Buches zu verfassen. "Neuauflage", das ist Musik in den Ohren jedes Autors.

Meine Kollegen berichten mir, daß man sich gern auf mein Büchlein bezieht. Einige Rezensenten haben etwas gemurrt über zuviel königliche Vergangenheit. Aber der aufmerksame Leser wird schnell feststellen, daß die Herren Prinzen und Könige nur auftauchen, um Autorität zu vermitteln. Prinz Albert und Edward VII. haben den Anzug als Symbol und Kleidungsstück in ihrem Sinne verändert. Aber mein Buch macht deutlich, daß sich Herrenkleidung ohne so etwas wie "Designer" entwickelte. Die Geschichte selbst hat sie hervorgebracht. "Gentlemen" waren Träger dieser Entwicklung.

Die Grundlage für dieses Buch bildet eine Vorlesung, die ich im Mai 1992 vor der 'Royal Society of Arts' hielt. Die Abbildungen folgen den Dias, die ich zu meinem Vortrag benutzte. Auch heute gibt es wenig hinzuzufügen – mit einer Ausnahme, ich würde mir ein besseres Beispiel für den "Ghillie-Kragen" (Abbildung 20) wünschen. Der Kragen ist vorne zu weit und hinten zu hoch.

Im Jahr 1996 berichtete unser 'Managing Director' Roger Whiteman vom Pariser Salon 'Le Salon International de l'Habillement Masculin (SEHM)', daß der Einreiher mit drei Knöpfen die Szene beherrschte. Auch einige Anzüge mit vier Knöpfen waren zu sehen. Wenn man über eine 50jährige Erfahrung in der Modewelt verfügt, weiß man, wie Trends entstehen und sich entwickeln, in unserem Fall steigt die Zahl der Knöpfe.

An meine Ausführungen über den zweireihigen Anzug darf ich erinnern. Mit dem zweireihigen Blazer beschäftigen wir uns noch immer, und er bleibt von Bedeutung, auch wenn seine Popularität nachgelassen hat. Es ist schon interessant, festzustellen, wie fabelhaft der Einreiher, der von der Taille an aufwärts geschlossen wird, dem Körper schmeichelt. Vielleicht besteht hier eine Verbindung zu der Uniformen der Gardisten.

Der Zweireiher wirkt immer etwas pompös und beginnt aus der Mode zu kommen. Politiker werden ihn tragen und die eine oder andere Wahl gewinnen. Wirtschaftskapitänen dient er, um das Steigen ihrer Profite zu verkünden. Wenn sie in einem Restaurant Platz nehmen, werden seine beiden Schlitze aufblitzen. Sie dienen unserem nicht eben interessanten Sitzfleisch zur Zierde. Der zweireihige Blazer macht sich ausgezeichnet, wenn alle sechs Knöpfe benutzt werden, die oberen zwei also nicht länger nur der Zierde dienen. Kleider von der Stange erzielen in den letzten Jahren nach wie vor steigende Umsätze. Selbstverständlich wird aus der Industrie der Ruf nach neuen Designs laut. Der Einreiher mit drei Knöpfen ist selbstverständlich die klassischste Form. Er ist nicht zu erschüttern. Gentlemen haben ihn seit hundert Jahren getragen. Aber auch die vier- und fünfknöpfigen Anzüge können auf eine untadelige Abstammung verweisen. (Die Bilder auf der Umschlaginnenseite belegen dies). Hochgeschlossene Anzüge fordern besonders gute Schneiderarbeit. Anzüge mit zwei Knöpfen, einer auf der Taille und einer darunter, ich bedauere, dies sagen zu müssen, werden von den Herstellern nach wie vor bevorzugt, da sie damit über eine Vielzahl von Möglichkeiten, den Halsausschnitt zu gestalten, verfügen.

Je mehr die Herren der Schöpfung in die Jahre kommen, um so weniger sind sie geneigt, eine andere Anordnung von Knöpfen bei ihren Anzügen hinzunehmen. Sie befürchten, höchst unmännlich zu erscheinen und ihre soziale Position zu schwächen. Aber Bänker sollen die Wirtschaft fördern. Und es gibt wenig Geschäftsfelder, die nicht von der Mode beeinflußt werden. Mode meint nichts anderes, als den Stil

der Zeit einzufangen. Brücken haben ihren Stil, ihre Mode
– ebenso wie Kniehosen.

Meine Tätigkeit in 'Savile Row' erfüllt mich mit Stolz.
Die Kollegen sind nette und verständnisvolle Leute. Ich
bewundere ihren Umgang mit der Tradition. Aber Tradition schließt für eine Maßschneiderei Wandel ein. In der
guten alten Zeit gab der Kunde den Anstoß. Heute erwartet man von einem guten Schneider, daß er sich auf den
zeitgemäßen Anzug versteht, nicht auf das, was von allen "klassisch" genannt wird und doch nur seit 20 Jahren
überholt ist. Die Kleidungsstücke, die in Schaufenstern auf
den Schneiderpuppen zu sehen sind, erscheinen mir zu
knapp. Schneider lieben es eng, es hat sich halt noch nie
eine Puppe beschwert.

Seit 50 Jahren ist unsere Firma erfolgreich am Markt.
Nie haben wir Änderungen in Erwägung gezogen, die nicht
in bester Tradition stehen, einen britischen Gentleman zu
kleiden.

"Designermarken" verstehen es Jahr für Jahr, ihren
Umsatz zu erhöhen. Unser Markt sind die USA und der
ferne Osten. Auch in Japan gelangte man nun zu der Er-
kenntnis, daß der Schnitt eines Anzugs nicht in gleicher
Weise wie das Aussehen traditioneller japanischer Kleidung für 1000 Jahre festgelegt sein muß. Man ist wißbe-
gierig, Neuerungen auf den Markt zu bringen, aber auch
ängstlich bedacht, im Rahmen der Traditionen zu verblei-
ben. Korea, Thailand und Malaysia folgen dem japanischen
Beispiel. Und so ist es eine Freude, die Post aus all diesen Ländern zu öffnen, mit Schecks zur Begleichung der
Tantiemen.

In den USA wird die Szene in hohem Maße von
den großen Geschäften, oft Teil einer Kette, beherrscht.
Die Anzüge werden zumeist von freundlichem Personal
präsentiert, das nicht von der geringsten Kenntnis getrübt
ist. Aber was soll ich meckern. Mein Buch ist bei Kennern

mit Wohlwollen aufgenommen worden. Erfreulicherweise scheint es mir gelungen, die englische Abstammung des Anzugs so klar herauszustellen.

Der Sommer 96 brachte einen wahren Boom der Freizeitkleidung; es scheint in London mehr Touristen denn je zu geben. Ein heller, leichtgewichtiger Anzug ist sicher für die Ferien zu formell. Häufig sieht man gut geschneiderte Jacketts aus (zum Knittern neigenden) Leinen oder Baumwolle; sie vermitteln Tradition. Der Markt der Freizeitkleidung beginnt an dem der Anzüge zu knabbern. Viel Aussehen macht man um Wochenendkleidung. Mit gutem Grund. Der Chef erscheint wahrscheinlich seit Jahren freitags und montags in Tweed.

Wenn man über Freizeitkleidung spricht, so dreht sich immer noch alles um die Krawatte. Alles Formelle, ja Zeremonielle, verschwindet, wenn man auf dies Stück Seide verzichtet. Das Aufkommen des "Ghillie-Kragens" war hilfreich, man könnte noch mehr damit erreichen. Der Kragen kommt gerade richtig, da man allen "Halsschmuck" ausrangiert. Wir haben gesehen, wie Edward VII. den "Ghillie-Kragen" schließlich verwarf, da man ihn nicht mit Krawatte tragen konnte.

Nun gerate ich ins Fachsimpeln, aber ich bin nun mal ein Kaufmann. So darf ich ihnen abschließend mein Motto mit auf den Weg geben:

Impar arte negocio superior

LESS THAN ART, MORE THAN TRADE

Weniger als Kunst, mehr als Handel.

ZUSAMMENFASSUNG:
HINWEISE FÜR GENTLEMEN

1.
Der Anzug ist die offizielle Kleidung eines Gentleman.

2.
Jeder Mann ist – zumindest zeitweise – gekleidet wie ein Gentleman. Es kann selten sein – vielleicht zu einer Hochzeit, bei der Beerdigung seiner Eltern, als Präsident eines Tennisclubs.

3.
Die Herrenkleidung wird durch den Lauf der Geschichte beeinflußt. Sie wird geprägt vom allgemeinen Lebensstil. So wird der Hut kaum noch zum Anzug getragen, wohl auch, weil unsere Autos nicht mehr danach sind.

4.
Es scheint klar zu sein, daß der Einfluß der Schneider und damit der Handarbeit zurückgeht. Ihr Können, ihre Kunstfertigkeit, ist noch vorhanden, aber es fehlen die richtigen Kunden – die Kunden, die zu einem Schneider gehen und ihre Wünsche mit ihm diskutieren. In dem Buch nenne ich Beispiele, wie Edward 'Prince of Wales' (den späteren Edward VIII.). Er brachte immer klar zum Ausdruck, was er haßte und was er bevorzugte, er haßte gestärkte Wäsche und zog den Smoking Frack und Krawatte vor.

5.
Wer sich etwas mit Geschichte beschäftigt hat, weiß, daß eben diese Geschichte die Mode in weit stärkerem Maße gemacht hat als irgendein noch so bekannter Schneider oder Designer. Aber jede Änderung, die entsteht, wird von Männern mit Geschmack und von den Profis, und das sind für die Herrenkleidung seit 200 Jahren die Schneider in Londons Savile Row, registriert. Die gesellschaftlichen

Hierarchien spielen dabei nach wie vor eine große Rolle, auch wenn sich die Unterschiede zwischen den sozialen Klassen gewandelt haben, so ist es doch unmöglich, diese zu übersehen. Wir leben nach wie vor nicht in einer Gesellschaft ohne soziale Schichtung.

6.

Es ist unverkennbar, daß heute die Konfektionskleidung in allen Teilen der Welt die "Mode" bestimmt. Aber bei der Fabrikation der Anzüge bemüht man sich, einem guten Schneider nachzueifern.

7.

Der italienische Gentleman trägt keine Anzüge von Armani – eben weil sie mehr als deutlich zu erkennen geben, daß sie industriell hergestellt werden.

8.

Herrenkleidung hat sich zu einem gewaltigen Industriezweig entwickelt, Fabriken lösten die Schneiderateliers ab. Nun muß man regelmäßig "etwas Neues zeigen". Es ist klar, daß die Geschichte der Herrenkleidung von zahlreichen Moden bestimmt wird. Ich wage eine Prognose. Der "Ghillie-Kragen" (siehe Abbildung 20, 22 und 13) wird eine weite Verbreitung finden. Er bietet sich für Männer an, die korrekt gekleidet sein wollen und doch die Krawatte verschmähen.

9.

Es erfüllt mich mit Genugtuung, daß ich in meinem Buch nachweisen kann, daß die Herrenkleidung englischen Vorbildern folgt. Goethe war einer der ersten, zahllose andere Männer folgten.

10.

Die internationale Herrenkleidung verdankt den Deutschen den Begriff "dunkler Anzug", der alles beinhaltet, worauf ein Gentleman achten sollte.

TAFELN

Drei Knöpfe – populär seit der Mitte des 19. Jahrhunderts. Ein Gentleman knöpft nie den obersten oder untersten Knopf zu. Es ist unabdingbar, den mittleren Knopf genau auf Höhe der Taille zu plazieren. Dies unterstützt den Fall des Stoffes von der breiten Schulter.

Vier Knöpfe – populär nach 1850. Verschwand, als man weniger Knöpfe bevorzugte (nach 1950); "Kleider von der Stange" lassen sich so einfacher, auch an beleibte Männer, verkaufen; wirkt heute vollkommen altmodisch.

Fünf Knöpfe – tadellos wie die Geschichte des Anzugs belegt; heute
äußerst modisch; wird im Jahr 2000 präsent sein.

'Ghillie-Kragen' – von schottischen Wildhütern übernommen; ideal für
Herren, die Krawatten verschmähen.

LITERATURVERZEICHNIS

Boyle, Nicholas: Goethe The Poet and the Age (Oxford, 1991)

Bradford, Sarah: King George V (London, 1989)

Colvin, H.M. (Editor): The History of the King's Works Vol. 5 (London, 1989)

Cunnington, Cecil Willet & Cunnington, Phillis: Handbook of English Costume in the Seventeenth Century (London, 1963)

Donaldson, Frances: Edward VIII (London, 1974)

Hibbert, Christopher: Edward VII. A Portrait (London, 1976)

Laver, James: Dandies (London, 1968)

Pepys, Samuel: The Shorter Pepys (Ed. Robert Latham, London, 1985) (Deutsche Übersetzung als Reclam-Ausgabe erhältlich)

Rose, Kenneth: King George V (London, 1983)

Thackeray, W.M.: The Four Georges (London, 1861)

Waugh, Norah: The Cut of Men's Clothes 1600-1900 (London, 1964)

The Duke of Windsor: A Family Album (London, 1960)

Ziegler, Philip: King William IV (London, 1971)

Der deutsche Leser sei ergänzend auf folgende Titel hingewiesen:

Boehn, Max von: Die Mode (München 1989)

Lenius, Oscar: Der stilvoll gekleidete Herr (Münster, 1996)

Loschek, Ingrid: Reclams Mode- und Kostümlexikon (Stuttgart 1994)

INDEX

Index

Index

Index

Index

Oscar Lenius

Der stilvoll gekleidete Herr

Ein Ratgeber

Sie sind in Kleidungsfragen unsicher? Der vorliegende Band macht Ihnen die Welt der Herrenkleidung verständlich: Was ist beim Einkauf zu beachten, was ziehe ich an, wie kleide ich mich anlaßgerecht? Welche Fehler lassen sich leicht vermeiden? Greifen Sie zu den angebotenen Hinweisen! Sich stilvoll zu kleiden ist auch Männern möglich.

Was also zieht der stilvoll gekleidete Mann an und was benötigt er heute?

1996, 200 S., 10 x 17 cm, 24,80 DM, gb., ISBN 3-8258-3120-5

Die Krawatte

Ein Brevier des Geschmacks

Dieses Büchelchen behandelt ein Thema, das uns im wahrsten Sinne des Wortes zum Halse heraushängt: Die Krawatte.

Wir haben alles, was man von der Krawatte weiß, historisches, ästhetisches, ethisches, praktisches, alltägliches und witziges gesammelt und zusammengestellt...

Leute, die auch für das Oberflächliche ein tiefes Verständnis haben, werden viel Interessantes in diesen Kapiteln finden und manchem angegebenen Winke folgen. (Aus dem Vorwort)

1996 (Reprint 1912), 68 S., zahlr. Abb., 19,80 DM, gb., ISBN 3-8258-3121-3

Thomas Rusche

Kleines SØR-Brevier der Kleidungskultur

Mit diesem SØR-Brevier kann erstmals eine kleine Enzyklopädie der internationalen Kleidungskultur vorgelegt werden, die sich der zeitlosen Gültigkeit des guten Geschmacks verpflichtet fühlt. Möge dieses Organon dem klassisch gekleideten Herrn als Ratgeber zur Seite stehen.

3. Auflage, 1995, 248 S., Leinen, 10 x 17 cm, 24,80 DM, ISBN 3-89473-101-4

Oscar Lenius

Kleines SØR-Brevier der Kleidungspflege

1996, 176 S., Leinen, 10 x 17 cm, 24,80 DM, ISBN 3-8258-2694-5

Oscar Lenius

A Well-Dressed Gentleman's Pocket Guide

2. Auflage, 1997, 248 S., 10 x 17 cm, 24,80 DM, gb., ISBN 3-8258-2876-x

LIT Verlag   Münster · Hamburg · London

Dieckstraße 73   48145 Münster   Tel. 0251–235091   Fax 0251–231972   E-Mail lit@lit-verlag.de